192 Seiten voller Tarnung, Täuschung und Tricks: Außergewöhnliche Tiere in über 700 Fotos.

192 Seiten voller heimischer und exotischer Pflanzen: Ackerwinde, Leberwurstbaum und Co in über 950 Fotos.

128 Pferderassen in über 650 Fotos. Mit vielen Sonderseiten rund ums Pferd zu Themen wie Haltung, Reitweisen und Pferdesprache.

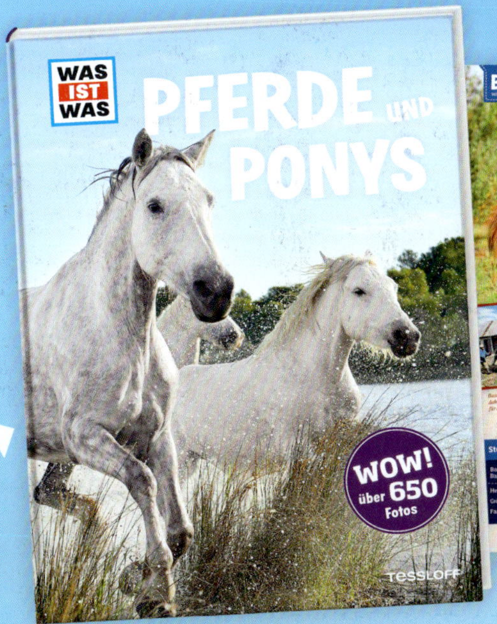

WAS IST WAS

Sabrina Rachlé

# DAS ALTE ÄGYPTEN

## Goldenes Reich am Nil

TESSLOFF

Hier siehst du, wo du bist!

# Wo ist was?

Diese Herren haben viel zu tun: Bauern bei der Feldarbeit.

Seite 10

Seite 4

Sensationeller Fund im Tal der Könige! Howard Carter entdeckt den Schatz des Tutanchamun.

Seite 16

Ist die aber schön! Nofretete, Herrscherin im alten Ägypten

Seite 28

*Die Pyramiden von Giseh. Welche Geheimnisse verbergen sich wohl hinter diesen mächtigen Mauern?*

Seite 40

*Seltsam: Heilige Kätzchen und ein Gott, der die Zunge rausstreckt und Kinder beschützt.*

Seite 44

*Großer Umzug: Ein Tempel wird vor dem Untergang gerettet.*

**Hier findest du die wichtigsten Begriffe kurz erklärt.**

# Eine große Entdeckung

Ägypten, Tal der Könige am 26. November 1922: Howard Carter und seine Helfer räumen einen Berg von Schutt und Geröll beiseite und entdecken eine kleine Treppe. Sie scheint zu einer Grabkammer zu führen. Der Archäologe kann es kaum glauben. Seit fünf Jahren sucht er vergeblich nach einem Grab, das nicht ausgeraubt wurde. Jetzt könnte er endlich Glück haben! Eilig lässt Carter Lord Carnarvon rufen. Der ist schon unruhig; schließlich bezahlt er die kostspieligen Grabungen. Aufgeregt stehen die beiden Männer vor der freigeräumten Treppe. Es gibt keinen Zweifel! Sie führt zu einer Grabkammer. Die Tür scheint unberührt. Howard Carter bricht vorsichtig eine Öffnung in die Mauer. Durch den kleinen Spalt lugt er ins Innere. »Können Sie etwas sehen?«, fragt Lord Carnarvon. »Ja! Ich sehe wundervolle Dinge!«, ruft Carter. Eilig wird der Eingang geöffnet. Die Forscher sind begeistert. »Fein geschnitzte Stühle, ein goldener Thron mit Einlegearbeiten, direkt vor uns ein herrlicher Kelch aus Alabaster in Form einer Lotusblüte«, berichtet Howard Carter später. Jedes einzelne Stück wird fotografiert und in einer Liste erfasst. Dann räumt man die Kammer aus und entdeckt: Hinter dieser Kammer liegt eine weitere. Auch dieser Raum ist gefüllt mit Standbildern, Schiffsmodellen, kleinen Särgen. Es dauert Wochen, bis alle Gegenstände erfasst sind. Am 16. Februar 1923 ist endlich der Zugang zur dritten Tür freigeräumt. Lord Carnarvon reist erneut an; mit ihm kommen hochrangige Persönlichkeiten und Presseleute. Unter ihren Augen wird die Grabkammer geöffnet.

## Der Schatz des Pharao

Ein scharfer Lufthauch entweicht aus dem dunklen Raum. 3000 Jahre war er verschlossen. In der Mitte der Kammer steht ein riesiger Schrein aus Holz. Über und über mit Gold verziert. Er füllt den Raum fast vollständig aus. Carter sieht

### ➔ Schon gewusst?

*Der Sarkophag ist ein Sarg aus einem Material, das nicht zerfällt: Stein, Gold oder Metall. In Sarkophagen wurden berühmte Persönlichkeiten beigesetzt.*

*Verborgen in der Tiefe: Eine steile Treppe führt in die erste Kammer der Grabanlage.*

*Mehr als 50 Truhen, gefüllt mit Schmuck und Kostbarkeiten, bargen die Helfer.*

*Howard Carter untersucht die Mumie Tutanchamuns. Das Gesicht des Herrschers ist unter einer schimmernden goldenen Maske verborgen.*

*Goldene Betten, Truhen, Statuen und Gefäße entdeckte Howard Carter im ersten Raum. Sogar einen kompletten Streitwagen, zerlegt in seine Einzelteile.*

sofort, dass das magische Siegel der königlichen Totenstadt unversehrt ist. Diesen Raum hatte seit dem Begräbnis des Pharao nie wieder ein Mensch betreten. Der Schrein wird geöffnet. Darin steckt ein zweiter, etwas kleinerer, darin ein dritter und ein vierter. Im vierten Schrein verbirgt sich der erste Sarkophag. Dann ein zweiter, ein dritter und ein vierter. Dieser vierte Sarkophag besteht aus reinem Gold. Darin verborgen finden die Archäologen die Mumie von Tutanchamun, des Königs mit der weltberühmten Maske. Die Nachricht über den sensationellen Fund verbreitet sich wie ein Lauffeuer um die Welt. Howard Carter und Lord Carnarvon sind am Ziel ihrer Träume! Sie haben gefunden, wonach sie so lange gesucht hatten: den Schatz des Pharao!

## Ungelöste Geheimnisse

64 Königsgräber wurden im Tal der Könige bereits gefunden. Man bezeichnet diese Gegend auch als Nekropole oder Totenstadt. Viele weitere Gräber warten hier noch auf ihre Entdeckung.

*In diesem unglaublich wertvollen Sarg aus purem Gold ruhte der Pharao Tutanchamun über 3 000 Jahre lang.*

## Unglaublich!

Fünf Menschen starben, kurz nachdem sie das Grab des Tutanchamun betreten hatten. Auch Lord Carnarvon überlebte die Entdeckung nur wenige Wochen. Hatte ein Fluch des Pharao alle dahingerafft? Sicherlich nicht. Wissenschaftler vermuten, dass beim Betreten des Grabes Schimmelpilze aufgewirbelt wurden, die zum Tode der Entdecker führten.

# Das alte Ägypten

Wüste, wohin man auch blickt. So zeigt sich Nordafrika vom Weltraum aus. Doch wenn man genauer hinschaut, entdeckt man am Rand dieser Wüste ein grünes Band. Es schlängelt sich von Süd nach Nord: der Nil! An den fruchtbaren Ufern dieses Flusses haben sich vor vielen Jahrtausenden die ersten Menschen niedergelassen. Im Laufe der Zeit entstand hier eine der großartigsten Kulturen der Menschheitsgeschichte: das Reich der alten Ägypter! Hier regierten mächtige Pharaonen, die kolossale Pyramiden errichten ließen. Kostbare Grabschätze und unheimliche Mumien sind Zeugen dieser Zeit.

## Der große Fluss

Ohne den lebensspendenden Nil hätte es all das niemals gegeben. Die Menschen konnten sich von den Fischen im Fluss und den Tieren,

**➔ Rekord**

**6 852**

*Kilometer lang ist der Nil. Damit ist er einer der längsten Flüsse der Erde!*

*Der Nil war eine wichtige Handelsroute. Auf dem Fluss segelten Schiffe, beladen mit Waren aller Art. Bei schwachem Wind musste die Mannschaft rudern.*

*Wenn der Nil über seine Ufer trat, wurde alles überschwemmt. Die Menschen im alten Ägypten nannten ihren Fluss »iteru aa«. Das heißt »großer Fluss«. Die Bezeichnung »Nil« ist erst viel später entstanden. Sie stammt vom altgriechischen Wort »neilos« – daraus wurde unser Nil.*

die an den Ufern lebten, ernähren. Und noch wichtiger: Einmal im Jahr trat der große Fluss über seine Ufer und überschwemmte alles rundum. Fast vier Monate dauerte diese Zeit der Nilschwemme. Wenn sich das Wasser wieder zurückzog, blieb eine Landschaft mit schwarzer Erde zurück. Durch die Überschwemmungen wurde der Wüstenboden fruchtbar und die alten Ägypter konnten Ackerbau und Viehzucht betreiben.

An den Ufern des Nils ließ es sich also gut leben. Immer mehr Menschen siedelten sich in dieser Gegend an. Zuerst lebten sie in einfachen Zelten und Hütten. Später bauten sie Häuser aus Lehm und schließlich gigantische Grabanlagen, Paläste und Tempel. Die Zeit des alten Ägypten begann ungefähr 4000 v. Chr. Über einen Zeitraum von 3 000 Jahren entfaltete sich eine der faszinierendsten Hochkulturen der Menschheit.

*Aus dem Schlamm des Nils werden bis heute Ziegel für den Hausbau geformt.*

*Damals lebten im Nil noch Flusspferde. Nur dem Pharao war es erlaubt, diese Tiere zu jagen. Die alten Ägypter hatten kleine Nilpferdfiguren, die sie vor Unheil schützen sollten. Dieses Nilpferd wurde mit Lotosblüten und Schilf bemalt.*

**Schon gewusst?**

*Die alten Ägypter nannten ihre Heimat Kemet, schwarzes Land. Schwarz war der fruchtbare Schlamm, den der Nil in guten Jahren auf den Äckern zurückließ.*

# Wohnen im alten Ägypten

*Wie vor 3 000 Jahren: Häuser in einem ägyptischen Dorf*

Die alten Ägypter haben viele Einzelheiten aus ihrem Leben aufgeschrieben und gezeichnet. Diese »Notizen aus der Vergangenheit« sind zum Teil bis heute erhalten. Zudem entdeckten Forscher bei Ausgrabungen Grabstätten, Häuser und Gegenstände, die die Menschen damals benutzt haben. Daher wissen wir heute: Die meisten Menschen im alten Ägypten lebten in Dörfern. Sie waren Bauern, Fischer, Händler oder Handwerker. Einfache Leute, die in kleinen, einstöckigen Häusern wohnten. Sie schliefen auf Matten am Boden. Ihre wenigen Habseligkeiten passten in eine Kiste. In jedem Dorf gab es aber auch einige wohlhabendere Beamte oder Handwerker. Sie konnten sich ein größeres Anwesen leisten, das von einer hohen Mauer umgeben war. Dahinter gab es einen Garten und einen eigenen Brunnen. Der Hausherr wohnte mit seiner Familie im größten Wohnhaus. Am Rande des Anwesens befanden sich die Unterkünfte der Diener, die Küche und die Ställe. In solchen Villen gab es richtige Möbel: Stühle, Betten, Kästen und sogar Toiletten.

*Arme Leute besaßen keine Möbel. Reichere leisteten sich Stühle, Tische und hübsche Trinkgefäße.*

## Unglaublich!

Wärst du im alten Ägypten geboren, dann dürftest du jetzt schon Bier trinken. Das war nämlich eines der wichtigsten Nahrungsmittel. Bier wurde aus Weizen und Gerste hergestellt. Es enthielt nur wenig Alkohol und kaum Kohlensäure.

## Schlafzimmer

*Nur wenige besaßen Betten. Zum Schlafen legte man den Kopf auf eine Stütze. Ein Kissen wäre viel zu heiß gewesen.*

### Schon gewusst?

*Die Brote im alten Ägypten waren im wahrsten Sinne des Wortes steinhart! Beim Mahlen des Mehls splitterten immer wieder kleine Steinchen von den Mahlsteinen ab. Daran biss man sich die Zähne aus.*

*Krüge und Amphoren aus Ton halten Öl, Wasser oder Honig kühl und frisch.*

## Kinderzimmer

*Für Kinder gab es richtiges Spielzeug.*

## Kosmetikkoffer

*Eine Kiste mit Cremes, Parfums und anderen Utensilien.*

# Hartes Bauernleben

*Anstrengende Feldarbeit: Noch heute gibt es in Ägypten Bauern, die ihre Felder so bestellen wie die Menschen vor 5 000 Jahren.*

Die meisten Menschen im alten Ägypten waren Bauern, die ein anstrengendes Leben führten. Sie mussten nicht nur für sich und ihre Familie sorgen. Ein Bauer hatte auch Steuern an den Pharao zu zahlen. Der Acker, den der Bauer bestellte, gehörte nicht ihm, sondern einem Großgrundbesitzer. Der kontrollierte die Arbeit seiner Bauern streng. Er hatte sogar das Recht, den Bauern zu schlagen, wenn dieser nicht genügend arbeitete.

## Schuften auf den Feldern

Die mühsame Feldarbeit begann im Oktober nach der Nilschwemme. Mit einem Pflug aus Holz gruben die Bauern den Boden um. Ein Ochse oder Esel half ihnen bei dieser schweißtreibenden Arbeit. Anschließend wurde das Saatgut auf dem Acker verteilt. Vier Monate später konnte das reife Getreide mit einer Sichel geerntet werden.

## Leben im Dorf

In einem Dorf lebten allerdings nicht nur Bauern. Es gab Schreiner, Hirten, Vogelfänger, Händler oder Papyrusschneider, aber auch Friseure, Ärzte, Polizisten und zahlreiche andere Berufe. Hinzu kamen die Beamten des Pharao, die sich um die Verwaltung des Dorfes kümmerten. Sie waren wohlhabender als die Bauern und konnten sich sogar eigene Diener leisten: Gärtner, Köche oder Kammerdienerinnen.

## Die Verwaltung

Die Beamten spielten eine sehr wichtige Rolle im Alltag der Ägypter. Sie kümmerten sich um die Organisation des großen ägyptischen Reiches. Alles, was im Dorf geerntet, hergestellt oder gehandelt wurde, notierten Beamte auf Listen. Anhand dieser Aufzeichnungen wurde festgelegt, wie viel Steuern jeder Bewohner zu zahlen hatte.

*Aus den Schädeln von Flusspferden bauten geschickte Handwerker scharfe Sicheln für die Ernte.*

### Schon gewusst?

*Im alten Ägypten gab es kein Geld. Man tauschte stattdessen zum Beispiel schöne Stoffe gegen Vieh – oder Weizen gegen Schmuck. Der Pharao bezahlte die Arbeiter an den Pyramiden mit Bier und Getreide. Auch die Steuern wurden in Form von Naturalien bezahlt.*

*Nach der Getreideernte stampften Ochsen die Körner aus den Ähren. Anschließend warfen die Bauern die Körner gegen den Wind. So trennten sie die leichtere Spreu und den Staub vom schwereren Korn.*

## Affenernte

Einen körperlich weniger anstrengenden Job als die Bauern hatten die Affenwärter! Sie dressierten kleine Affen. Die flinken Tiere banden sie an einer langen Leine fest und schickten sie auf die Bäume. Die Affen kletterten in die Baumkronen und holten dort reife Feigen oder Datteln. Wenn die Tiere ausbüchsen wollten, bekamen sie den Stock des Wärters zu spüren.

*Süße Datteln waren nicht nur eine beliebte Nascherei. Sie wurden auch zur Bierherstellung genutzt: Die wichtigsten Ausgangsstoffe zum Brauen waren Brot, Dattelsaft und Wasser.*

## Der Wassertrick

Es regnet kaum im Land am Nil. Aber die Ägypter waren erfinderisch. Damit die jungen Pflanzen nicht verdorrten, bauten sie schmale Kanäle zwischen die Felder. Hier konnte sich das Wasser während der Flut sammeln. Nach der Flut blieb Wasser in den Gräben zurück. In guten Jahren reichte das aus, um die Felder bis zur Ernte mit Wasser zu versorgen. Mit der Zeit entstand ein ausgeklügeltes Geflecht von Gräben, die miteinander verbunden waren. Mithilfe kleiner hölzerner Schleusen konnte man sogar den Wasserstand regeln. Aber wie brachte man das Wasser von den Gräben aufs Feld? Der Gartenschlauch war noch nicht erfunden. Die Menschen verwendeten damals Kannen oder Eimer, die allerdings sehr schwer werden, wenn sie voll gefüllt sind. Irgendein schlauer Kopf kam schließlich auf die Idee, dass man das Füllen und Hochheben der Wassereimer leichter machen kann. Man baute den ersten Schaduff – eine Art Wippe oder Hebel, mit dem man Lasten wesentlich leichter anhebt.

*Ein ägyptischer Bauer schöpft mit einem Schaduff Wasser aus dem Nil.*

*Mithilfe kleiner Kanäle werden auch heute noch Felder bewässert.*

# Schlaue Ägypter!

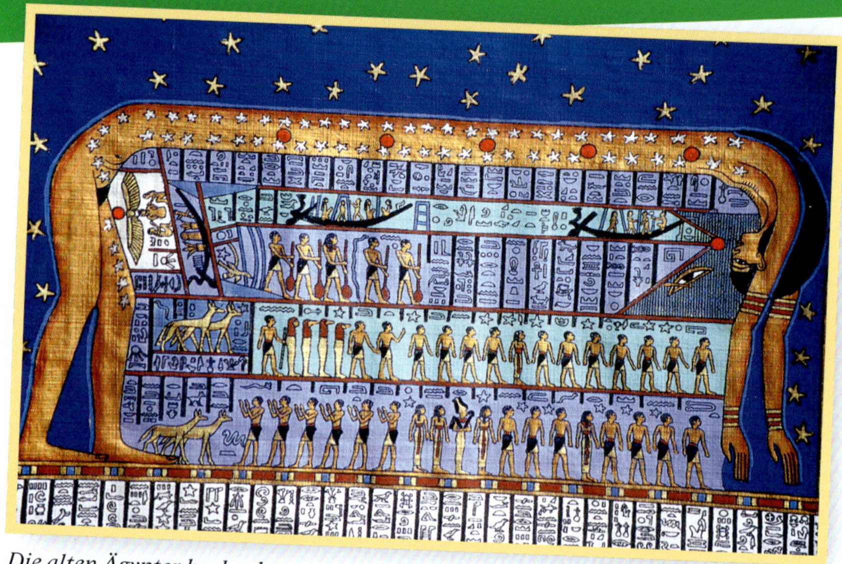

*Die alten Ägypter beobachteten den Sternenhimmel. Im »Nutbuch« wird der Lauf von Sternen und Planeten beschrieben.*

Wasser und fruchtbare Erde – das waren die alljährlichen Geschenke des Nils. Deshalb siedelten sich die Menschen an dem Fluss an. Durch genaue Beobachtung konnten sie viel von ihm lernen. Einige besonders Schlaue machten auf diese Weise Erfindungen, die das Leben und die Arbeit vieler Menschen erleichterten. Die alten Ägypter überraschen uns mit ihrem technischen Erfindungsreichtum. Hier siehst du einige Beispiele.

## Nilometer

Die Ägypter mussten sich nicht fragen, wie das Wetter wird. Im Normalfall schien nämlich die Sonne. Viel wichtiger war es für sie zu erfahren, wie hoch die Nilflut sein würde. Ein niedriger Wasserstand konnte Dürre und Hungersnot bringen. Zu viel Wasser konnte Dörfer und Äcker verwüsten. Die Lösung: Die Ägypter entwickelten Brunnenanlagen, die durch einen Schacht direkt mit dem Fluss verbunden waren. Das Flusswasser sammelte sich in einer Kammer. Den Wasserstand konnte man nun an Markierungen ablesen, die an der Wand der Kammer angebracht waren. So sahen die Ägypter schon früh, ob es ein gutes oder ein schlechtes Jahr werden würde.

## Wie spät ist es?

Um die Zeit tagsüber zu messen, bauten die Ägypter Sonnenuhren. Es gab sogar kleine Handsonnenuhren, die man mit sich tragen konnte.

*Tonnenschwere Steinpfeiler: Obeliske erinnern an die Sonnenstrahlen. Möglicherweise las man an ihrem Schatten auch die Zeit ab.*

*Nilometer: Die Brunnenanlagen waren mit dem Nil verbunden. An Markierungen konnte der Wasserstand des Flusses abgelesen werden.*

## So machst du Papier aus Papyrus

- Den Stängel einer Papyruspflanze schälen.
- Das Mark in dünne Streifen schneiden.
- Streifen nebeneinanderlegen, sodass sie sich ein wenig überlappen.
- Eine zweite Schicht quer über die erste legen und darüber ein Tuch breiten.
- Mit einem Holzschlägel den Saft aus den Stängeln herausklopfen.
- Die Platte in der Sonne trocknen lassen. Fertig!

*Papyrusstauden wurden mit einer Sichel geerntet.*

## Papier aus Gras

Aus den Stängeln der hoch wachsenden grünen Papyruspflanze fertigten die Ägypter Taue für die Schifffahrt. Sogar kleinere Schiffe wurden daraus gebaut. Bekannt geworden ist Papyrus aber vor allem als der Stoff, auf den die Ägypter geschrieben haben. An den Papyrus erinnert unser Wort »Papier«.

## Griffel und Farben

Feder, Farbpulver und Tintentöpfchen waren die wichtigsten Werkzeuge eines Schreibers. Die Feder wurde aus einer Binse hergestellt. Das ist ein fester Grashalm mit einem hohlen Stängel. Man schnitt die Binse in 20 Zentimeter lange Stücke, ließ sie trocknen und zerkaute dann ein Ende, sodass ein kleiner Schreibpinsel entstand. Schwarze Farbe erhielt man aus Ruß. Rote Farbe bestand aus rotem Ocker – ein Mineral, das man in der Wüste finden konnte.

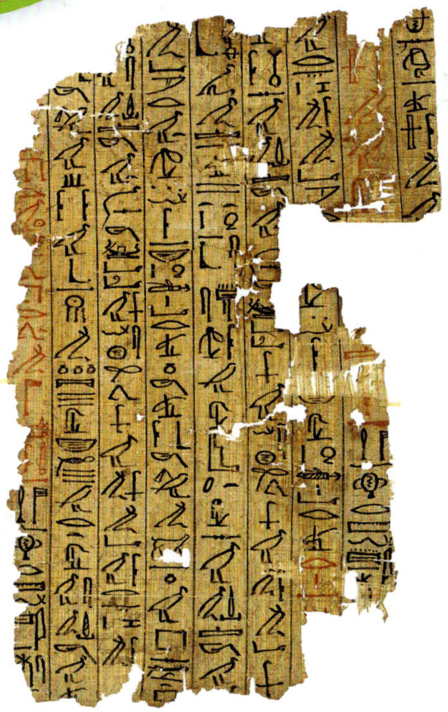

*Ausschnitt aus einem Totenbuch. Die feinen Papyrusfasern wurden nach dem Trocknen mit schwarzer Tinte beschrieben.*

# Ich bin der Chef!

*Der Pharao Amenemhet III erklärte sich zu Lebzeiten zum Gott. Als Grabstätte baute er eine gigantische Pyramide, die nur durch ein Labyrinth betreten werden konnte.*

Im Lauf der Jahrtausende wurde Ägypten von ungefähr 300 verschiedenen Pharaonen regiert. Diese mächtigen Herrscher wurden von ihrem Volk als Vertreter der Götter auf Erden verehrt. Der Pharao erließ Gesetze, er entschied über Leben und Tod seiner Untertanen und er befehligte die Streitkräfte. Seine wichtigste Aufgabe war es, für Wahrheit und Gerechtigkeit zu sorgen.

## Der erste Pharao

Als die ersten Menschen das Nildelta besiedelten, gab es noch keine Führer oder Herrscher. Erst als aus den ersten kleinen Ansiedlungen größere Dörfer wurden, wählten die Dorfbewohner einen aus ihrer Mitte, der bei Streitigkeiten entscheiden und sich um die Organisation des Dorfes kümmern sollte – eine Art Dorfvorsteher. Später gab es erste Könige, die über mehrere Dörfer herrschten.

Wissenschaftler lassen die Geschichte der Pharaonen heute meistens mit dem König Narmer um 3000 v. Chr. beginnen. Narmer war ein großer Feldherr, der als Erster Ober- und Unterägypten vereinte. Zweihundert Jahre lang regierten seine Nachkommen das vereinigte Ägypten.

## Frauen auf dem Thron

Frauen hatten im alten Ägypten dieselben Rechte wie Männer und konnten sogar die Macht übernehmen. Allzu häufig geschah das allerdings nicht. Vier Frauen auf dem Pharaonenthron sind heute noch sehr bekannt: Hatschepsut, Teje, Nofretete und Kleopatra. Zum Vergleich: Im antiken Griechenland (800 v. Chr.) wie auch später im römischen Reich hatten Frauen, ebenso wie Sklaven, keine Rechte.

*Eine Frau auf dem Pharaonenthron: Hatschepsut regierte 22 Jahre lang.*

## Funny Fact

### Staatsempfang für einen jahrtausendealten Leichnam

Zur Konservierung wurde die Mumie von Ramses II im Jahr 1976 von Ägypten nach Paris gebracht. Wie bei Staatsbesuchen üblich, bereitete die Französische Ehrengarde dem Leichnam des berühmten Herrschers einen standesgemäßen Empfang.

*Statuen von Ramses II bewachen den Eingang zum Tempel Abu Simbel. Jede einzelne ist 20 Meter hoch!*

## Der erste Pharao

König Narmer herrschte als erster Pharao über Unter- und Oberägypten. Die Prunkpalette – eine Scheibe aus Schiefer– zeigt Narmers Sieg über den unterägyptischen König. Auf dem Kopf Narmers sitzt die Krone des Pharao.

### Schon gewusst?

*Mit dem Wort »Pharao« bezeichneten die Ägypter zunächst einfach den Palast des Königs. Es ist abgeleitet von dem alt-ägyptischen Begriff »Per aa« – »großes Haus«.*

# Berühmte Pharaonen

Über einen Zeitraum von ungefähr 3 000 Jahren herrschten Pharaonen im alten Ägypten. Manche von ihnen sind so berühmt geworden, dass die Menschen noch Jahrtausende später über sie sprechen. Hier siehst du die großen Pharaonen.

## 1 Echnaton

*Amenophis IV gilt als der »Revoluzzer« unter den Pharaonen. Er verkündete seinen Untertanen, dass es nur einen Gott gibt: den Sonnengott Aton. Statt Amenophis nannte er sich Echnaton. Das heißt: »Dem Aton wohlgefällig«. Für Aton ließ er sogar eine Stadt bauen: Achet-Aton.*

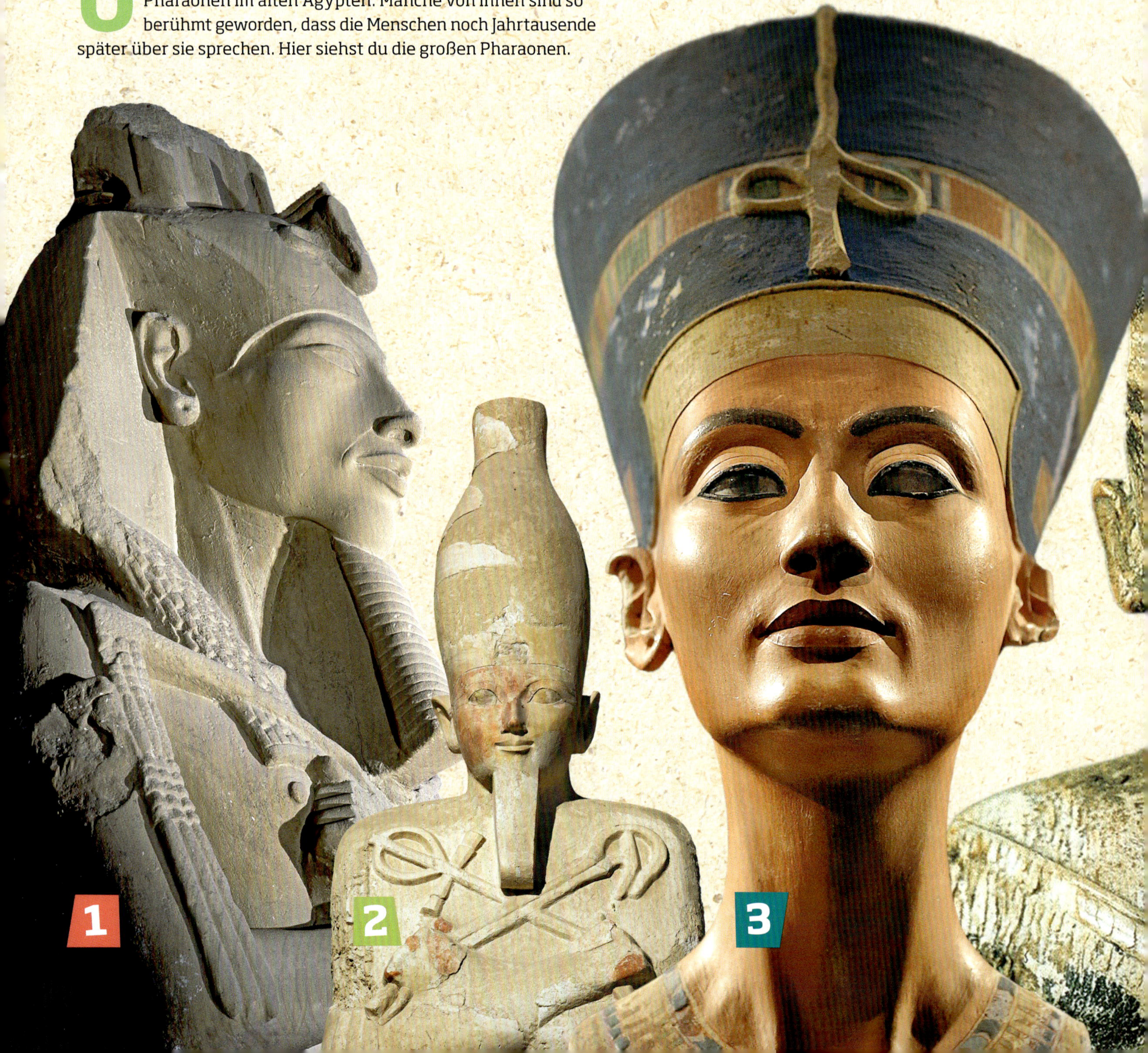

## 2 Hatschepsut

*Die Pharaonin Hatschepsut muss eine außergewöhnliche Frau gewesen sein. Es gelang ihr, 22 Jahre lang unangefochten über Ägypten zu regieren. Anfangs ließ sie sich noch als junge Frau abbilden. Später zeigen Statuen die Herrscherin wie einen Mann mit dem Pharaonenbart.*

## 3 Nofretete

*Nofretete wurde schon zu Lebzeiten ihrer Schönheit wegen gerühmt. Ihr Name bedeutet übersetzt: »Die Schöne ist gekommen.« Sie galt aber auch als mächtige Herrscherin. Es gibt sogar Bilder, auf denen Nofretete als Kriegerin gezeigt wird, die ihre Feinde erschlägt.*

## 4 Cheops

*Über das Leben des Pharao Cheops ist wenig bekannt. Berühmt wurde er durch den Bau seiner riesigen Pyramide. Aber von ihm selber gibt es nur ein winziges Abbild: eine Statuette, die 7,5 Zentimeter hoch ist.*

## 5 Djoser

*Die Menschen im alten Ägypten verehrten Pharao Djoser vor allem wegen seiner klugen Regierung während einer Hungersnot. In Sakkara baute er die erste Stufenpyramide.*

## 6 Ramses II

*Er beendete den jahrhundertealten Streit zwischen Ägypten und seinen Nachbarn, den Hethitern, durch den ersten Friedensvertrag der Weltgeschichte. Um den Frieden zu sichern, heiratete er eine Prinzessin der Hethiter.*

# Ein Gott auf Erden

*Gold und Edelsteine schmücken den Thron Tutanchamuns. Gold war nicht nur wertvoll. Es galt als göttliches Metall.*

Im alten Ägypten gilt der Pharao als Vertreter der Götter. Mächtig und beeindruckend – so stellen ihn sich die alten Ägypter vor. Und genauso soll der Pharao auch erscheinen. Ein Gottkönig muss sich schließlich deutlich von den gewöhnlichen Menschen abheben. Dazu hat er verschiedene Gegenstände, die allein der Pharao besitzen darf: sogenannte Insignien. Ganz wichtig ist der Thron, auf dem der Pharao sitzt. Der weltberühmte Thronsessel aus dem Grab des Tutanchamun zeigt den verschwenderischen Reichtum im Palast. Die besten Handwerker hatten den Sessel aus Holz angefertigt und ihn mit Gold, Silber und Edelsteinen verziert. Ein weiteres wichtiges Zeichen der Macht ist die Kopfbedeckung. Sie besteht aus mehreren Teilen, von denen jeder einzelne eine besondere Bedeutung hat. Auch die Form und Farbe der Krone wird als Zeichen verwendet.

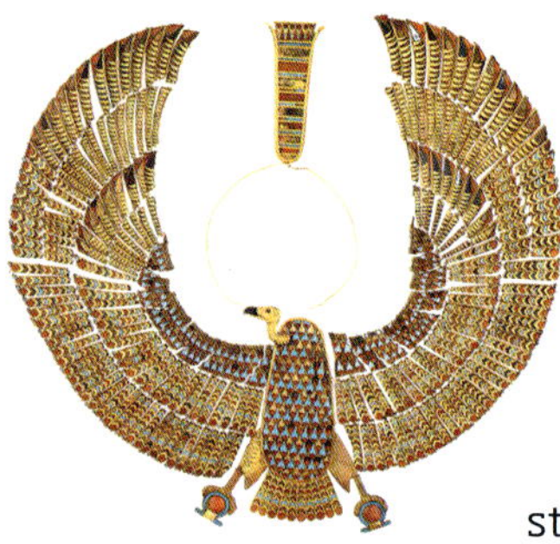

*Das Collier Tutanchamuns ist aus 166 Goldplatten zusammengesetzt.*

## Heute werde ich Pharao

Die Krönung eines Pharao wird als prunkvolles Fest gefeiert. Für den Pharao selber ist das eine äußerst anstrengende Prozedur: Zuerst ziehen die Priester und alle Beamten des Hofes zum Tempel. Hier warten sie auf den künftigen Pharao, der in einer Sänfte herbeigetragen wird. Er huldigt seinem höchsten Gott, Atum-Re. Anschließend zieht der Hofstaat mit dem neuen Pharao zu einem See oder einem Wasserbecken. Hier wird der Pharao gewaschen, abgetrocknet und neunmal mit einer wohlriechenden Creme gesalbt. Dann legen ihm Priester sein Pharaonengewand um, setzen die Krone auf sein Haupt und legen die Insignien der Macht in seine Hände. So bekleidet, zeigt sich der neue Pharao dem jubelnden Volk.

*Königin Nefertari trägt eine Geierhaube. Darauf sitzen Federn. Der rote Kreis ist Symbol des Sonnengottes.*

*Der König Oberägyptens trägt die weiße Krone, der Herrscher Unterägyptens die rote Krone. Die blaue Krone ist bei Kindkönigen zu sehen. Statt einer Krone kann der Pharao auch nur das Nemes-Kopftuch tragen. Die Doppelkrone steht für das vereinigte Ägypten.*

**Nechbet**
*Die Göttin gilt als Schutzpatronin Oberägyptens. Sie wird oft in Gestalt eines Geiers abgebildet.*

**Uräus**
*In der Stirnmitte von Krone und Kopftuch sitzt der Kopf einer Gift sprühenden Kobra: die Uräusschlange, das Symbol Unterägyptens. Sie beschützt den Pharao vor seinen Feinden.*

**Udjat**
*Die riesigen Augen auf der Totenmaske Tutanchamuns erinnern an das magische Horusauge.*

**Nemes**
*Das Königskopftuch besteht aus Stoffstreifen, die um den Kopf drapiert werden.*

**Geißel**
*Drei herabhängende Stäbe an einem langen Griff benutzen Hirten als Peitsche. Die Geißel ist auch ein Zeichen des Totengottes Osiris.*

**Krummstab**
*Der Krummstab erinnert an einen Hirtenstab. Er zeigt: Der Pharao ist der oberste Hirte seines Reiches. Seine Untertanen soll er behüten, so wie ein Schäfer seine Herde behütet.*

**Götterbart**
*Der künstliche, fest geflochtene Bart wurde mit einem Band über die Ohren gelegt und am Hinterkopf festgebunden.*

*Krummstab, Geißel, Götterbart und Uräusschlange – auch auf dem Sarkophagdeckel des Tutanchamun sind die Zeichen seiner Macht zu sehen.*

# Aufgaben des Pharao

Der Pharao war oberster Kriegsherr. In seinem Streitwagen fährt Ramses II in die Schlacht.

Ein Pharao war König der Welt, Mensch und Gott zugleich. Als Gott unter Menschen sollte er die Menschen mit den Göttern verbinden. Als König der Welt musste er sein Land gegen Feinde verteidigen. Und er hatte dafür zu sorgen, dass die Untertanen in seinem Reich gut und in Frieden leben konnten.

## Ein Tag im Leben des Pharao

Einen Tag im Leben eines Pharao müssen wir uns so vorstellen: Die Sonne geht auf. Der Pharao erwacht und die Diener eilen herbei. Sie waschen ihren Herrn, salben ihn mit wohlriechenden Ölen ein. Danach wird der Pharao angekleidet. Noch vor dem Frühstück geht der Pharao in den Tempel, um den Göttern zu huldigen. Der Vormittag ist angefüllt mit Regierungsgeschäften. Zusammen mit seinem Wesir, den obersten Priestern und Beamten entscheidet der Pharao über Gesetze oder Steuern. Anschließend empfängt er Bittsteller aus dem Volk oder er bespricht Bauvorhaben in seinem Reich. Manchmal kommen Abgesandte aus fernen Ländern, die der Pharao empfängt. Und in schlechten Zeiten muss der Pharao auch darüber entscheiden, ob er mit seinen Soldaten in den Krieg zieht.

Der Pharao jagt einen gefährlichen Löwen.

## Feierabend!

Ein Pharao musste aber nicht nur arbeiten. Er hatte auch Zeit für seine Hobbys: Löwenjagd, Ball spielen, musizieren, malen oder Gedichte schreiben. Einige Pharaonen werden die Freizeit auch genutzt haben, um mit ihren Kindern zu spielen oder sich mit einer ihrer zahlreichen Frauen zu vergnügen.

Im alten Ägypten wurde musiziert. Diese Frauen geben ein Konzert.

Königin Nefertari spielt Senet: ein Spiel ähnlich wie »Mensch ärgere dich nicht«.

# Der Palast des Pharao

*Kinder spielen im Garten des Palastes. Jungen dürfen nackt herumtollen.*

Der Palast des Pharao war riesig und bestand aus vielen Gebäuden. Im öffentlichen Teil befand sich der Thronsaal, der von Hallen und Gängen mit hohen Säulen umgeben war. Hier empfing der Pharao seine Besucher. Um die Regierungsgeschäfte kümmerte sich der Wesir mit einem Schatzmeister, vielen Schreibern und Beamten. Hinzu kamen zahlreiche Priester. Außerdem hatten Pharaonen auch mehrere Frauen. Für das Wohl all dieser hochgestellten Persönlichkeiten sorgten Hunderte von Dienstkräften: Wächter, Diener, Köche, Ammen, Musiker, Gärtner und viele mehr.

## Pharao privat

Im privaten Teil des Palastes gab es für den Pharao ein Schlafzimmer und einen Wohnraum mit Thron. Bunte Bilder von Pflanzen und Tieren verzierten die Wände. Die Gemächer der Königin, der Nebenfrauen und Diener waren in einem eigenen Trakt des Palastes untergebracht. Ein Pharao gönnte sich den Luxus eines eigenen Badezimmers. Nackt stellte er sich in die Mitte eines Badebeckens. Seine Diener gossen Wasser aus Krügen über ihn. Durch ein Loch im Boden des Beckens konnte das Wasser wieder ablaufen.
Ein großer Garten lud zum Lustwandeln ein. Hier gab es Wasserbecken, seltene Pflanzen und Tiere.

*Der Diener trägt eine Handtasche und einen Rucksack.*

## Ich muss mal …

Selbstverständlich ging der Pharao zur Verrichtung seiner Notdurft nicht in den Garten. Unter einen besonderen Schemel stellte man ein Gefäß mit Sand. Wenn der Pharao fertig war, entfernten seine Diener die Hinterlassenschaften. Möglicherweise wurden diese dann getrocknet und zum Feuermachen verwendet.

*Auf alten Abbildungen siehst du neben dem Pharao häufig einen Wedelträger. Er fächelte dem Pharao frische Luft zu. So konnte der Herrscher stets einen kühlen Kopf bewahren.*

# Der Hofstaat des Pharao

*Dienerin des Schatzmeisters Meketre*

Der Pharao brauchte Menschen, die ihn beim Regieren des Landes unterstützten. Alleine hätte er all die Aufgaben gar nicht bewältigen können. Der wichtigste Mann im Hofstaat war der Wesir. Dieser oberste Minister nahm seinem Herrscher alle wichtigen Arbeiten ab. Er war der mächtigste Mann im Reich – nach dem Pharao.

## Kluge Wesire

Drei Wesire wurden so berühmt wie ihre Herren: Imhotep, Hemiunu und Senenmut. Imhotep (ca. 2700 v. Chr.) diente unter Pharao Djoser. Sein Amtskollege Hemiunu war hundert Jahre später der oberste Wesir von Cheops. Und Senenmut war fast 1 000 Jahre später der engste Vertraute der Pharaonin Hatschepsut. Alle drei hatten eine strenge Ausbildung hinter sich. Lesen und Schreiben, Mathematik und Astronomie, Baukunde, Verwaltungswesen und Recht hatten die Wesire studiert. Sie gehörten zu den klügsten Köpfen ihrer Zeit. Entsprechend umfangreich waren die Aufgaben, die ihnen ihr Pharao auftrug. Sie beaufsichtigten den Bau von Tempeln und Grabanlagen, kontrollierten die Verwaltung und die Richter.

*Nur wenige Menschen konnten schreiben und lesen. Als Schreiber des Pharao führte man ein sorgenfreies Leben.*

*Beamte verwalteten das Reich des Pharao. Sie genossen höchsten Respekt.*

Daneben mussten sie ihren Pharao in allen wichtigen Fragen beraten.

## Priester, Gaufürsten, Schreiber und Beamte

Priester spielten am Hof eine äußerst wichtige Rolle. Nur sie und der Pharao durften die Tempelanlagen betreten. Nach genau festgelegten Regeln mussten die Priester den Göttern Opfer bringen und sie anbeten. Im Hofstaat kamen Gaufürsten gleich nach dem Wesir. Sie leiteten einzelne Landesteile von Ägypten. Dort hatten sie vor allem dafür zu sorgen, dass die Bauern gut arbeiten konnten. Am Hof des Pharao arbeiteten auch etliche Schreiber und Beamte. Die Organisation des Palastes lag in ihrer Verantwortung. Sie kümmerten sich aber auch darum, dass die Arbeiter zum Bau von Tempeln oder Pyramiden angeworben und bei den Bauarbeiten gut versorgt wurden.

*Hatschepsut vertraute ihrem Wesir.*

*Eine bautechnische Meisterleistung: die Cheopspyramide.*

*Die erste Stufenpyramide der Welt wurde 2650 v. Chr. gebaut.*

### Senenmut

*machte eine unglaubliche Karriere: Vom Sohn eines Bauern arbeitete er sich empor zum wichtigsten Beamten und obersten Baumeister der Pharaonin Hatschepsut. Möglicherweise waren die Pharaonin und ihr Wesir sogar ein Liebespaar.*

### Hemiunu

*war Neffe und Wesir des Königs Cheops. Einer seiner Titel lautete: »Vorsteher aller Bauarbeiten des Königs«. Als oberster Architekt leitete er den Bau der Cheopspyramide in Giseh.*

### Imhotep

*erbaute als Wesir des Pharao Djoser die erste Pyramide Ägyptens. Nach seinem Tod wurde Imhotep als weiser Schutzgott verehrt. Man pries ihn als Erfinder der Schrift und der Medizin.*

# Fluss der Zeit

Das Reich der alten Ägypter überdauerte drei Jahrtausende. Eine ungeheuer lange Zeit! Um den Überblick nicht zu verlieren, teilen Wissenschaftler diese Epoche in fünf große Abschnitte ein: in Frühzeit, Altes Reich, Mittleres Reich, Neues Reich und Spätzeit. Eine weitere wichtige Einteilung stammt von den alten Ägyptern selbst: Sie notierten zunächst auf Steintafeln und später auf Papyrus ganz genau die Abfolge der Herrscherfamilien oder Dynastien.

*In der Frühzeit erfinden die alten Ägypter die Hieroglyphenschrift.*

**Chasechemui**
lässt sich ein gigantisches Grab bauen. Es enthält 58 Räume für die Grabbeigaben und eine Grabkammer.

## Frühzeit

Dynastie 0–2
3300–2740 v. Chr.

**Narmer**
ist der erste König, der über ganz Ägypten herrscht. Er ist auf den beiden Seiten der berühmten Narmer-Plakette mit der Krone von Unter- und Oberägypten abgebildet.

**Snofru**
begründet die 4. Dynastie und baut drei große Pyramiden. Sein Sohn Cheops lässt in Giseh die größte Pyramide Ägyptens bauen.

## Altes Reich

Pyramidenzeitalter
Dynastie 3–6
2686–2216 v. Chr.

**Djoser**
lässt in Sakkara die erste Stufenpyramide errichten. Damit beginnt die Epoche der Pyramiden.

*Das Klima in Ägypten verändert sich. Eine Trockenzeit beginnt und die Menschen leiden unter schlechten Ernten.*

## 1. Zwischenzeit

Dynastie 7–11
2216–2137 v. Chr.

**Intef II**
(auch Antef II genannt) baut bei Luxor den ersten Karnaktempel. Eine achteckige Säule erinnert bis heute an den Herrscher.

*Das ägyptische Reich zerfällt.*

**Sesostris II**
lässt die Sümpfe des Fayum trockenlegen und Bewässerungskanäle bauen.

**Mentuhotep II**
vereinigt Ober- und Unterägypten.

## Mittleres Reich

Dynastie 11–12
2137–1781 v. Chr.

*Zum ersten Mal schreiben Menschen Geschichten auf Papyrus. Aber nur fünf Prozent aller Ägypter können die Erzählungen lesen.*

**Amenophis IV**
nennt sich später Echnaton. Er führt einen neuen Sonnenkult ein.

**Ramses II**
ist einer der größten und wichtigsten Herrscher Ägyptens. Er lässt sich zu Lebzeiten als Gott verehren.

**Thutmosis III**
führt Ägypten zur Weltmacht. An der Wand des Annalensaals im Karnaktempel berichtet der Pharao von seinen Schlachten.

*Die Hyksos fallen in Ägypten ein. Es kommt zu blutigen Kämpfen.*

## Angeberwissen

▶ Eine Dynastie nennt man die Zeitspanne, in der eine Herrscherfamilie durchgehend an der Macht bleiben konnte.

**Kleopatra VII**
ist die letzte Pharaonin. Danach herrschen die Römer über Ägypten. Mit dem römischen Imperator Julius Cäsar hat Kleopatra einen Sohn. Die Liebesgeschichte von Cäsar und Kleopatra fasziniert die Menschen bis heute.

# Neues Reich

**2. Zwischenzeit**
Dynastie 13–17
1773–1550 v. Chr.

**Neues Reich**
Dynastie 18–20
1550–1070 v. Chr.

**3. Zwischenzeit**
Dynastie 21–25
1070–664 v. Chr.

**Spätes Reich**
Dynastie 26–31
664–332 v. Chr.

**Amenophis III**
ist zehn oder zwölf Jahre alt, als er Pharao wird. Mit 14 heiratet er die Beamtentochter Teje. Teje macht eine beispiellose Karriere am Hof des Pharao.

**Hatschepsut**
übernimmt nach dem Tod ihres Mannes, Thutmosis II, die Herrschaft. Sie schickt eine Expedition ins sagenhafte Goldland Punt.

**Tutanchamun**
ist der Sohn Echnatons und zu Lebzeiten eher unbedeutend. Berühmt wird er wegen seiner vollständig erhaltenen Grabstätte.

*In Oberägypten siegen die Thebaner gegen die Hyksoskönige. Eine Zeit des Wohlstands beginnt. Pharao Ahmose verlegt den Regierungssitz nach Memphis in Unterägypten.*

*Alexander der Große erobert im Jahr 332 v. Chr. Ägypten. Griechen und Römer herrschen bis 642 n. Chr. Es folgen Perser und Araber.*

# Gigantische Gräber

62 Meter hoch ist die erste Stufenpyramide der Welt. Pharao Djoser ließ sie sich von Imhotep errichten.

Fast alles, was wir heute über das alte Ägypten wissen, haben Archäologen in Grabanlagen gefunden. Die Menschen hofften damals, dass es nach dem Tod weitergeht. Im Jenseits erwarteten sie das ewige Leben. Darauf wollten sie sich beizeiten vorbereiten. Wer arm war, hatte nicht viel mitzunehmen. Aber wer im Leben viel erreicht hatte, wollte auch im Tod auf nichts verzichten. Aus diesem Grund widmeten sich die alten Ägypter schon zu Lebzeiten mit großer Sorgfalt dem Bau von Grabanlagen. Je mächtiger die Pharaonen wurden, umso spektakulärer wurden die Grabanlagen.

## Mastaba

Zunächst begruben die alten Ägypter ihre Verstorbenen im Sand. Die ersten Pharaonen um 3000 v. Chr. ließen sich größere Kammern in den Wüstenboden graben. Über diese Kammern wurde eine breite Mauer aus Nilschlammziegeln errichtet. Dieses Mauerwerk sah aus wie eine Steinbank, die damals vor den Wohnhäusern aufgestellt wurde. Deshalb werden diese Gräber als Mastaba bezeichnet. Mastaba ist das ägyptisch-arabische Wort für Bank.

## Die erste Pyramide

Im Jahr 2630 v. Chr. ließ Pharao Djoser seinen obersten Architekten kommen. Imhotep sollte ihm in Sakkara in Nordägypten ein großes Grabmal bauen. Der Baumeister wollte ein besonders aufsehenerregendes Bauwerk schaffen. Er legte eine unterirdische Grabkammer mit Gängen und Lagerräumen an; darüber baute er die erste Pyramide der Welt mit sechs Stufen.

## Pyramide mit Knick

2574 v. Chr., etwa ein halbes Jahrhundert nach der ersten Stufenpyramide, beschloss Pharao Snofru, eine Pyramide mit glatten Außenwänden in Dahschur zu bauen. Der erste Versuch gelang nicht: Nachdem man die Pyramide bis zur Hälfte gebaut hatte, wurde klar, dass die unteren Mauern den Druck von oben nicht aushalten würden. Die Bauleute hatten sich verrechnet. Um den Bau noch zu retten, verkleinerte man die Spitze der Pyramide. Ihrer eigenartigen Form verdankt sie ihren Namen: Knickpyramide des Snofru.

*Ein Totenhaus, vergraben im Wüstensand bei Sakkara. So sah das typische Grab eines Herrschers aus. Eine steinerne Treppe führt zum Eingang dieser Mastaba.*

Ihren Knick bekam die Pyramide des Snofru, weil sich die Baumeister verrechnet hatten.

Die Pyramiden sind bis heute weithin sichtbar. Viele andere Monumente hatte der Sand verschluckt. So wie den Tempel Abu Simbel.

Die Grabkammer Tutanchamuns hatten die Räuber nicht gefunden. Ein Glück für Howard Carter.

## Achtung, Grabräuber!

Die meisten Gräber im alten Ägypten waren aufwendig gegen fremde Eindringlinge geschützt. Felsbrocken blockierten die Zugänge. In den Gängen sorgten Fallen für unliebsame Überraschungen. Flüche an den Wänden sollten die Räuber davon abhalten, die Gräber zu plündern. Schließlich hatte man dem Verstorbenen kostbarste Schätze mit auf den Weg ins Jenseits gegeben. Doch die gefürchteten ägyptischen Grabräuber fanden immer wieder einen Trick, um an die wertvollen Grabbeigaben heranzukommen. Interessiert waren sie nicht nur an kostbaren Möbeln und Statuen. Die Diebe wickelten auch die Mumien aus. Denn zwischen den Binden waren Juwelen, Amulette und andere kleine Kostbarkeiten als Glücksbringer versteckt. Wahrscheinlich waren auch ehemalige Pyramidenarbeiter unter den Räubern. Sie wussten, wo die Schätze lagen. Im 19. Jahrhundert kamen Schatzsucher und Abenteurer nach Ägypten – auch sie haben viele wertvolle Gegenstände aus den Gräbern gestohlen. Umso aufregender ist es für Archäologen, ein unversehrtes Grab zu finden.

# Das Weltwunder

Es ist unglaublich! Innerhalb kürzester Zeit lernten die alten Ägypter, Meisterwerke der Baukunst zu errichten: die Pyramiden. 2700 v. Chr. hatte Djoser die erste Stufenpyramide gebaut. Nur 50 Jahre später ließ Snofru die erste echte Pyramide bauen. Und kurz darauf wollte sein Sohn und Nachfolger Cheops alle übertreffen. Noch größer, noch schöner sollte sein Totenhaus werden. Im Jahr 2551 v. Chr. begann er mit dem Bau einer gigantischen Pyramide, die alles bisher Dagewesene in den Schatten stellen sollte. Und tatsächlich! Noch heute, 4 500 Jahre später, bewundern wir die Cheopspyramide von Giseh. Sie gehört zu den größten Gebäuden der ganzen Welt. Als einziges von den sieben Weltwundern der Antike ist sie fast vollständig erhalten.

## Ein Bauwerk der Superlative

Die Cheopspyramide ist circa 138 Meter hoch. Jede Seite ist 230 Meter lang und nach den vier Himmelsrichtungen ausgerichtet. Der Fuß der Pyramide steht auf einer Fläche von ungefähr sieben Fußballfeldern. Ihre Außenseiten wurden mit feinstem, poliertem Kalkstein verkleidet. Die Spitze der Pyramide schimmerte golden, sodass sie das Sonnenlicht spiegelte. Da der polierte Kalkstein aber ein sehr wertvolles Baumaterial war, wurde er schon vor vielen Jahren abgetragen. Übrig geblieben sind die rauen Steinblöcke, die darunter lagen.

## Verborgene Geheimnisse

Im Inneren der Cheopspyramide sind drei Kammern verborgen: die Felsenkammer, die Königinnenkammer und die Königskammer. In diesem Raum wurde Pharao Cheops in einem riesigen Sarkophag beigesetzt. Um Räuber abzuhalten, wurden verwirrend viele Gänge und geheime Schächte angelegt. Die Grabräuber aber fanden einen Weg. Sie haben alle Schätze aus der Pyramide gestohlen, sogar die Mumie des Pharao. Sie ist spurlos verschwunden!

### Wo ist der Pharao?

Bis heute haben die Forscher nicht alle Geheimnisse der Cheopspyramide gelöst! Einige Wissenschaftler glauben, dass irgendwo im Innersten des Steinkolosses noch eine weitere Kammer versteckt worden sein könnte. Ob dort der verstorbene Pharao begraben worden ist? Vielleicht war der rote Sarg in der Königskammer nur ein Täuschungsmanöver, um Grabräuber in die Irre zu führen? Sogar mit kleinen Robotern hat man das Innere der Pyramide schon untersucht. Bisher wurde allerdings nichts Neues gefunden.

*Ein hoher, schmaler Gang führt mitten in die Pyramide hinein. Bis zur Grabkammer des Pharao.*

*Die Cheopspyramide ist die älteste und größte von drei Pyramiden, die auf der felsigen Hochfläche von Giseh errichtet wurden.*

### Schon gewusst?

*Rund um die Cheopspyramide wurden fünf Boote vergraben. Schließlich sollte der Pharao auch im Totenreich mobil bleiben. Eines dieser Boote wurde erst 1954 entdeckt und ausgegraben. 1 224 Einzelteile mussten die Restauratoren zusammensetzen. Nach zehn Jahren hatten sie das Ruderboot wiederhergestellt. Es ist in einem eigens errichteten Museum am Fuß der Cheopspyramide ausgestellt.*

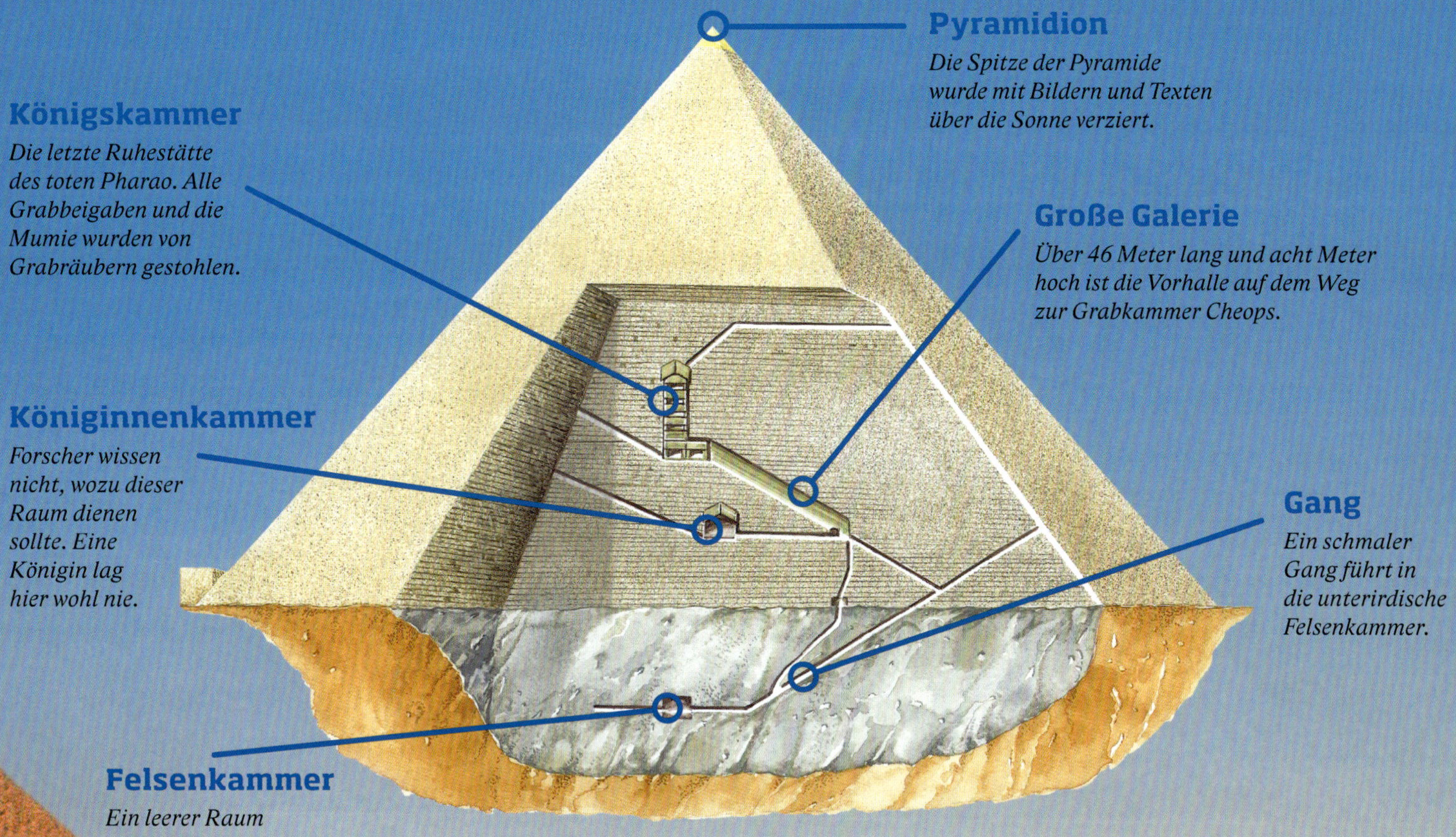

## Geheimnisvolle Sphinx

Ein Löwe mit Menschenkopf beschützte oft den Eingang von Tempeln oder Grabanlagen. Im alten Ägypten nannte man dieses Fabelwesen »spanch« (»das, was Leben empfängt«). Die große Sphinx von Giseh ist gigantische 20 Meter hoch und 73,5 Meter lang. Wer dieses riesige Wesen erbauen ließ? Die Forscher wissen es nicht genau. Möglicherweise war es Cheops oder aber sein Sohn und Nachfolger Chephren.

# Wie wurden Pyramiden gebaut?

Die Pyramiden in Ägypten sind einzigartige Bauwerke und Meisterwerke der Architektur. Wenn man vor einer Pyramide steht, scheint es, als hätten nur Riesen so ein Monument errichten können. Doch die Ägypter haben die Pyramiden selber gebaut! Es war ein unvorstellbarer Kraftakt: Tonnenschwere Felsblöcke mussten transportiert werden. Und allein für die Cheopspyramide wurden 2,6 Millionen solcher Steinblöcke verbaut!

## Handarbeit

Es gab damals keine Maschinen, keine Bagger, keine Kräne. Alles wurde von Menschenhand gefertigt und transportiert. Wie schafften es die alten Ägypter, riesige Steinblöcke zu einem gigantischen Bauwerk aufzuschichten? Manche Wissenschaftler vermuten, dass die Bauleute Rampen um die Pyramide gebaut hatten, auf denen sie die Steinblöcke nach oben zogen. Für solche Rampen braucht man allerdings Unmengen von Holz – und das war damals rar. Bis heute weiß man nicht genau, wie die Ägypter diese gigantischen Bauwerke errichteten.

**Rampen**

*Manche Forscher glauben, dass die Steine auf Rampen nach oben transportiert wurden. Andere sagen, dass das unmöglich ist. Rampen wären viel zu aufwendig gewesen.*

**Schwerstarbeit**

*Unter dem Einsatz all ihrer Kräfte ziehen Arbeiter die tonnenschweren Felsblöcke aufwärts. Mit welchen Tricks sie sich die Arbeit erleichtert haben, ist nach wie vor ein Rätsel.*

**Schlitten**

*Auf Schlitten wurden die behauenen Felsblöcke zum Einsatzort transportiert. Öl und Wasser dienten als Gleitmittel.*

## Unglaublich!

Die Präzision, mit der die Cheopspyramide damals erbaut wurde, erscheint aus heutiger Sicht wie ein Wunder:

- Die Pyramide liegt auf dem 30. Breitengrad, der die Nordhalbkugel der Erde in zwei Hälften teilt.
- Die Grundkanten der Cheopspyramide sind exakt nach den vier Himmelsrichtungen ausgerichtet.
- Bis auf 0,2 Millimeter genau wurden die Granitblöcke bearbeitet, sodass sie perfekt aufeinanderpassten und keine Lücken im Mauerwerk entstanden.
- Die Grundfläche der Pyramide bildet ein vollkommenes Quadrat. Die Ecken sind in einem exakten rechten Winkel angelegt.

### Transport

*Auf Schiffen brachte man das Material für den Bau der Pyramide so nahe wie möglich an die Baustelle.*

### Zeltlager

*Vor allem während der Nilflut halfen Bauern aus dem ganzen Land. Sie lebten drei bis vier Monate in einem Zeltlager neben dem Dorf der Dauerarbeiter. Als Lohn erhielten sie Getreide und Bier.*

*Die rohen Felsbrocken wurden mit einfachsten Werkzeugen bearbeitet.*

## Arbeit für Tausende

Der Bau einer Pyramide dauerte viele Jahre und beschäftigte Tausende Menschen. Wissenschaftler haben berechnet: Mindestens 20 000 Menschen arbeiteten täglich an der Cheopspyramide, um sie in 20 Jahren zu erbauen. Viele Berufsgruppen waren daran beteiligt: Steinmetze, Schmiede, Schreiner, Schlepper, Fährschiffer, Köche, Schreiber oder Aufseher. Die Bauarbeiten sicherten ihnen für viele Jahre das tägliche Leben. Mit ihren Familien wohnten sie in einem eigenen Dorf direkt neben der Baustelle.

## Bauern am Bau

Unterstützt wurden diese fest angestellten Bauarbeiter durch Helfer, die jeweils für drei bis vier Monate mitbauten. Viele Bauern kamen, um hier die Zeit der Nilflut zu überbrücken. Wenn die Felder unter Wasser standen, reisten sie aus dem ganzen Land an. Für viele Ägypter war es nicht nur eine Ehre, beim Bau eines Pharaonengrabs mitwirken zu können – vor allem halfen sie auch wegen des Essens, das sie beim Bau einer Pyramide bekamen.

### Steine

*2 500 Kilogramm konnte ein einziger Stein wiegen, der in der Cheopspyramide verbaut wurde. Vorher wurde er von Steinmetzen bearbeitet.*

*Schwerstarbeit: Ein Baustein für die Pyramide wog etwa so viel wie ein Elefant.*

## Steine für die Ewigkeit

Das Material für den Pyramidenbau wurde größtenteils ganz in der Nähe der Baustelle aus Felsen gebrochen. Der Hauptsteinbruch der Cheopspyramide lag beispielsweise nur 300 Meter südlich der Baustelle. Die Cheopspyramide wurde aus Granitblöcken gebaut. Granit gehört zu den härtesten Gesteinen. Um es zu bearbeiten, benutzten die Handwerker ein noch härteres Gestein: Dolomit. Mit keulenartigen Hämmern aus Dolomitgestein schlugen sie die Granitblöcke aus dem Fels. Auf hölzernen Schienen und Rollen wurden die Blöcke zur Baustelle transportiert. Beim Hochheben halfen Seilzüge. Die alten Ägypter nutzten noch zahlreiche andere Werkzeuge: Ziehsägen aus Kupfer, Bohrer, Meißel, Holzhämmer. Zum Messen hatte man Kubitstäbe, die ganz ähnlich aussahen wie ein Lineal. Kubit war eine ägyptische Maßeinheit.

# Der Weg in die Ewigkeit

*Auch für die alten Ägypter war Gold das wertvollste aller Metalle. Um einem toten Pharao den Weg zu den Himmelsgöttern zu erleichtern, gab man ihm goldene Sandalen mit auf den Weg.*

Nach dem Tod, so glaubten die Ägypter, beginnt ein neues, noch viel schöneres Leben. Die Menschen beschrieben das Sterben mit den Worten »in den schönen Westen gehen«. Dort würden sie genauso leben wie vor dem Tod – aber ohne Mühen, Ärgernisse oder Krankheiten. Vorausgesetzt, sie hatten sich zu Lebzeiten nicht allzu schlecht benommen. Vor dem Eingang zum ewigen Leben mit den Göttern stand nämlich erst einmal das Totengericht. Dort entschied Osiris als oberster Richter über Wohl und Wehe des Verstorbenen. Am Ende vieler Prüfungen wurde das Herz des Toten gewogen. Schlechte Karten hatte der, dessen Herz schwerer war als eine Feder: Er kam nicht in den Genuss des ewigen Lebens. Wichtig war außerdem, dass der Körper unversehrt erhalten war. Aus diesem Grund musste er mumifiziert werden.

## Freikarte ins ewige Leben

Vor 3 800 Jahren erfand der Schreiber Ani das Totenbuch. Es sollte den Verstorbenen auf seine gefährliche Reise in das Jenseits vorbereiten. Das Totenbuch steckte voller geheimer Zaubersprüche und Beschwörungen. Die Menschen waren überzeugt: Ein Totenbuch im Grab wirkt wie eine Freikarte in die Ewigkeit.

*Der Pharao Scheschonk erhielt sogar goldene Hülsen für seine Finger. Dadurch sollte er rascher in einen echten Gott verwandelt werden können.*

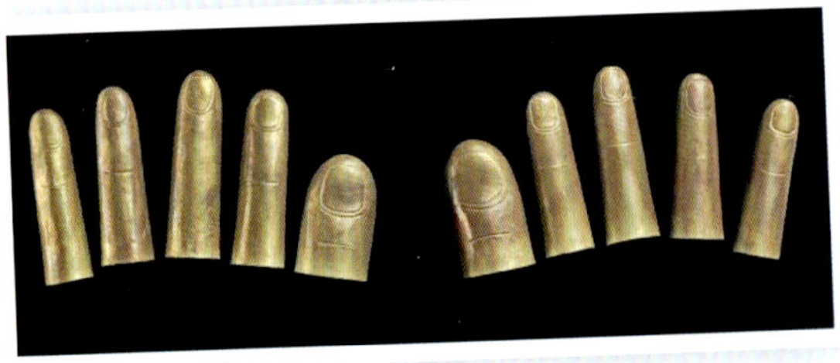

**Aufnahme**

*Osiris, der Gott der Toten, trifft die Entscheidung über die Zukunft des Neuankömmlings. Hinter Osiris steht Isis, seine Ehefrau.*

*Das Totengericht: Osiris wartet auf seinem Thron auf den Verstorbenen. Hinter Osiris steht seine Frau, Isis. Anubis führt den Toten vor das Gericht.*

**Funny Fact**

## Mini-Diener fürs Totenreich

Uschebti, kleine Statuen, sollten für die Verstorbenen allzu schwere Arbeiten übernehmen. Wenn der Verstorbene im Jenseits gerufen wird, um zum Beispiel Brot zu backen oder ein Haus zu bauen, dann soll der Uschebti rasch rufen: »Hier bin ich!« – und die Arbeit seines Herrn erledigen. Uschebti sehen aus wie eine winzige Mumie mit dem Gesicht des Verstorbenen.

*Der Seelenvogel Ba verlässt den Körper des Menschen im Moment des Todes, glaubten die alten Ägypter.*

## Das längste Totenbuch

Im Jahr 1887 fand der britische Archäologe E.A. Wallis Budge ein ganz besonders schönes Totenbuch. Es war 24 Meter lang und bestens erhalten. Wallis wollte diesen Fund unbedingt mit nach England nehmen. Um das Totenbuch vor den ägyptischen Behörden zu verstecken, zerschnitt Budge die Papyrusrolle in einzelne Teile. Später wurde die Rolle wieder zusammengesetzt. Als »Totenbuch des Ani« gehört sie heute zu den wertvollsten Schätzen des British Museum in London.

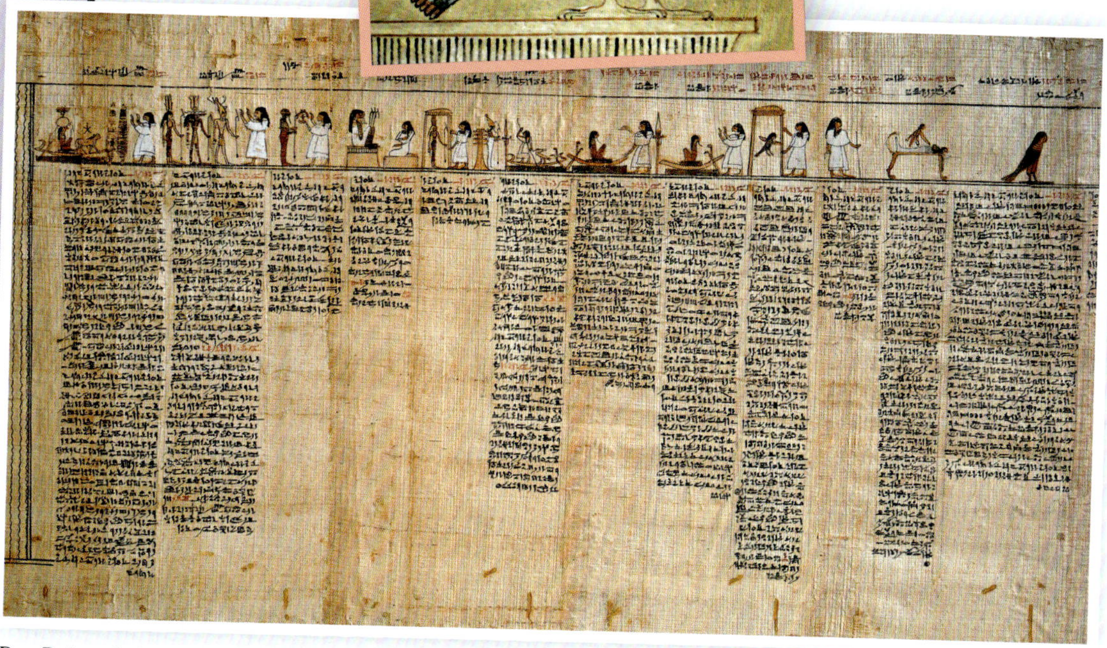

*Der Reisende ins Totenreich musste viele Prüfungen bestehen. Ein Totenbuch sollte dabei helfen. Darin wurde der Weg zum ewigen Leben beschrieben. Außerdem waren im Totenbuch magische Sprüche notiert, die den Verstorbenen beschützen sollten.*

*Für die verstorbenen Pharaonen war das Himmelsgewölbe als künftiger Wohnort ausersehen. Im Sternbild des Orion konnte der Pharao selber zu einem Stern werden.*

# Die Mumie

Es erscheint wie eine Szene aus einem gruseligen Film, war aber im alten Ägypten eine ganz normale Sache: Ein Mensch stirbt, und bevor er begraben wird, wird der Körper erst einmal getrocknet. Die Organe werden entnommen und um den Körper Binden aus Leinen gewickelt – damit nichts auseinanderfällt. Am Ende setzt man noch eine Maske auf das eingewickelte Gesicht. Mit aufgemalten Augen, durch die der Tote angeblich sehen kann. Siebzig Tage lang konnte so eine Bestattung bei den alten Ägyptern dauern. Über zwei Monate! Aber wozu die ganze Mühe?

## Leben bei den Göttern

Die alten Ägypter waren davon überzeugt, dass nach dem Tod ein neues Leben beginnt. Sie glaubten, dass im Totenreich der Gott Osiris, der Herrscher des Totenreichs, auf sie wartete. Der Legende zufolge war Osiris von seinem Bruder Seth ermordet worden. Osiris Frau Isis und ihr Bruder wickelten den Leichnam in Binden und Osiris wurde wieder zum Leben erweckt. So bereiteten die alten Ägypter auch ihre Verstorbenen darauf vor, im Totenreich wiederaufzuerstehen und an der Seite der Götter zu leben. Deshalb sollte der Körper der Toten möglichst unversehrt sein.

## Ein Körper für die Ewigkeit

Die ärmeren Leute wurden einfach im Wüstensand vergraben. Der trockene Sand entzog dem Körper das Wasser. Solange keine Luft in die Grabhöhle gelangte, blieb der getrocknete Leichnam dann vollständig erhalten. Man hat zahlreiche solcher »natürlicher« Mumien im Wüstensand gefunden. Die Reichen und Mächtigen aber wollten auch nach dem Tod zeigen, wie bedeutend sie zu Lebzeiten gewesen waren. Sie begannen, Grabkammern zu bauen. Der Nachteil: In diesen unterirdischen Räumen zerfielen die Leichen zu Staub. Erfinderische Geister probierten aus, wie der Körper erhalten bleiben könnte. Sicherlich kannten die alten Ägypter auch schon die Methode, Fleisch oder Fisch durch Einsalzen haltbar zu machen. Das Salz zieht das Wasser aus dem Fleisch – vergleichbar dem Wüstensand. Diese Methode testete man auch bei den Verstorbenen: mit Erfolg! Im Lauf der Zeit wurde die Technik der Mumifizierung immer weiter verbessert.

*Auf dieser Wandmalerei aus dem Grab des Künstlers und Baumeisters Sennedjem nimmt sich Anubis der Mumie des Verstorbenen an. Der Totengott Anubis mit dem Kopf eines Schakals beschützt die Mumie. Er öffnet ihr den Mund und begleitet die Seele auf dem mühevollen Weg in das Totenreich.*

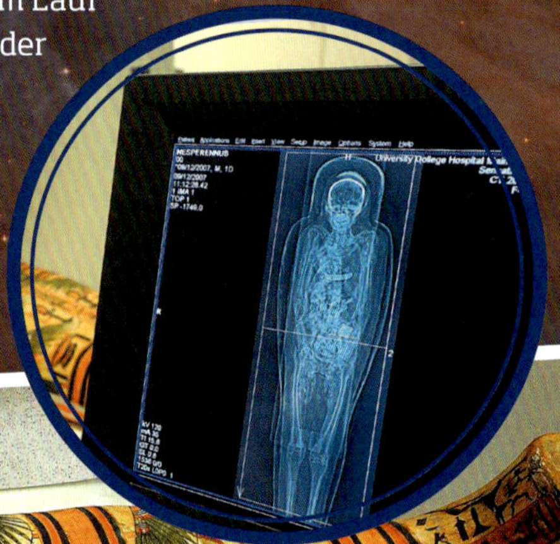

*Mit einem Magnetresonanztomografen können Mumien heute gründlich untersucht werden. Forscher schieben den ganzen Sarkophag in das Gerät. Auf diese Weise können sie die Mumie erforschen, ohne sie zu beschädigen.*

## Schon gewusst?

*Das Wort »Mumie« kommt aus dem Arabischen. »Mumiya« bedeutet »Erdpech«. Das ist ein natürlich vorkommender Teer. Wegen der schwarzen Farbe der Mumien dachten die Menschen früher, man hätte sie mit Mumiya bestrichen.*

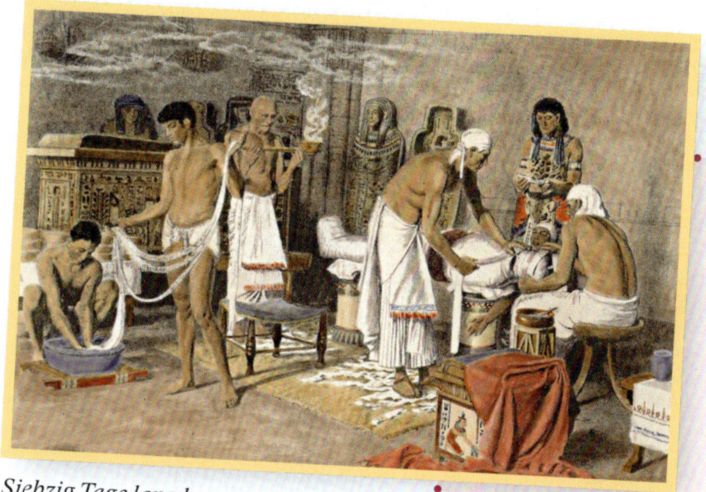

*Siebzig Tage lang konnte es dauern, bis der Leichnam nach allen Regeln der Kunst mumifiziert war.*

*Die Organe des Verstorbenen wurden in schönen Gefäßen aufbewahrt. Diese waren mit Tier- oder Menschenköpfen verziert. Ägyptologen bezeichnen diese Gefäße als Kanopen.*

## Geheimsache Mumifizierung

Nur Eingeweihte kannten das Rezept der Mumifizierung. Sie gaben es an die nächste Generation weiter. Mithilfe moderner Untersuchungsmethoden haben Wissenschaftler herausgefunden, wie die alten Ägypter vorgegangen sind:

1. Lunge, Leber, Magen, Darm und auch das Gehirn werden entnommen. Das Herz bleibt im Körper.

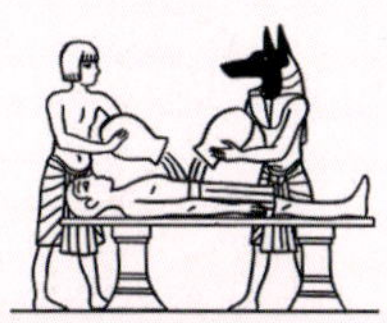

2. Die entnommenen Organe werden in einer Salzlösung eingelegt und dadurch haltbar gemacht.

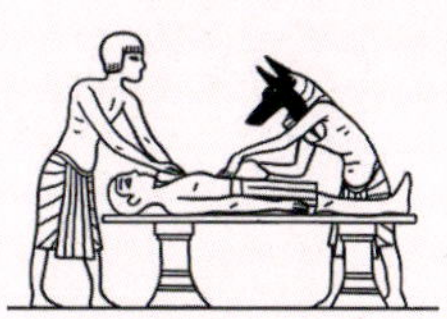

3. Der gesamte Körper wird mit einer Salzlösung eingerieben. Auf diese Weise wird ihm das Wasser entzogen.
4. Der Körper wird abgewaschen und mit duftenden Ölen eingerieben.

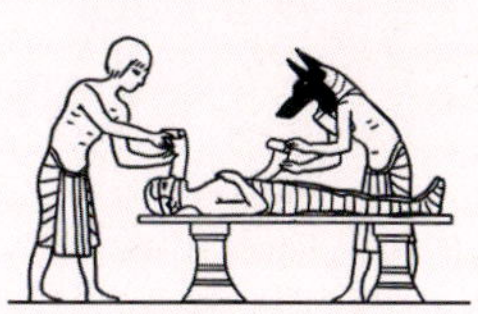

5. Der Körper wird in frische Leinenbinden gewickelt.

Die alten Ägypter glaubten, dass der Mensch mit dem Herzen denkt. Das Gehirn hielten sie für unwichtig. Bei der Einbalsamierung warfen sie es deshalb einfach weg!

## Unglaublich!

Im Jahr 1888 stießen Archäologen in Ägypten auf einen riesigen Friedhof voller Mumien. 180 000 Katzen lagen hier begraben. Erstaunlich? Für die alten Ägypter war es ganz normal, auch Tiere zu mumifizieren – von heiligen Stieren über Krokodile bis hin zu winzigen Skarabäen.

*Die Mumie von Thutmosis III wird im Museum in Kairo untersucht.*

# Land der Götter

**Anubis**

*Er ist der Gott der Friedhöfe und hilft beim Bestatten und Mumifizieren der Toten. Abgebildet wird er mit Hunde- oder Schakalkopf.*

Den Menschen im alten Ägypten erschien es wie ein Wunder: Sie lebten in einem grünen Paradies mitten in der Wüste. Ein riesiger Fluss sorgte dafür, dass es genügend Wasser zum Leben für Menschen, Tiere und Pflanzen gab. Sie suchten nach Erklärungen für dieses außergewöhnliche Geschenk der Natur. Es mussten machtvolle Wesen dahinterstecken: die Götter! Die Götter waren für die alten Ägypter überall. Himmel und Sonne, Erde und Wasser waren ebenso Gottheiten wie manche Tiere. Es gab sogar einzelne Pharaonen, die sich bereits zu Lebzeiten als Götter verehren ließen, zum Beispiel Ramses II. Über allen anderen Göttern stand der Sonnengott Amun-Re. Zahlreiche große Tempel sind dem König der Götter geweiht. Auch die Pyramiden wurden ihm zu Ehren gebaut.

**Seth**

*Der böse Wüstengott. In der Legende tötete er seinen Bruder Osiris, um König von Ägypten zu werden. Seth wird als Mensch mit hässlichem Tierkopf gezeigt.*

**Isis**

*Eine mächtige Zauberin und Beschützerin der Toten. Sie ist die Gattin von Osiris und Mutter von Horus. Dargestellt wird Isis als eine schöne Frau.*

## Eine ganz normale Familie

Die alten Ägypter stellten sich vor, dass ihre Götter in Familien zusammenleben. Jede dieser Familien bestand aus Vater, Mutter und Kind. Auf diese Weise bekamen die Götter zahlreiche Kinder. Im Laufe der Jahrhunderte wurden es immer mehr und es gab einige Tausend verschiedene Götter! Sie wurden dargestellt als Mensch, als Tier oder als Mischwesen – halb Mensch, halb Tier. Ein und derselbe Gott konnte dabei in unterschiedlichen Gestalten erscheinen. Unter den Göttern gab es aber auch eine klare Rangordnung. Hier siehst du einige der wichtigsten Götter der alten Ägypter.

**Nut**

*Diese Göttin bildet den Himmel. Das Lachen Nuts war auf Erden als Donner zu hören, ihre Tränen fielen als Regen zur Erde. Die Arme und Beine Nuts markieren die vier Himmelsrichtungen.*

**Osiris**

*Der König der Toten hat den Körper einer Mumie. Auf dem Kopf trägt er eine Krone und hat einen langen Bart. In den Händen hält er einen Krummstab und eine Geißel.*

**Thot**

*Er ist der Schreiber der Götter. Man sieht ihn als Pavian oder mit Paviankopf, manchmal auch als Ibis oder mit Ibiskopf. Thot hat die Sprache und die Schrift erfunden. Er kennt alle Geheimnisse dieser Welt.*

**Amun-Re**

*Der Sonnengott ist der höchste Gott der Ägypter. Er ermöglicht das Leben auf der Erde. Zu Ehren des Sonnengottes bauten die Ägypter Pyramiden und Obeliske. Sogar eine ganze Stadt wurde Re geweiht: Heliopolis. Nachts, wenn Re unsichtbar war, durfte sein Name von keinem Menschen ausgesprochen werden.*

# Der Wohnsitz der Götter

*Eine Allee von Sphinxen, Wesen mit Löwenkörper und menschlichem Kopf, bewacht den Eingang zum Tempel von Karnak.*

Zu Ehren ihrer Götter erbauten die alten Ägypter Tempel. Sie nannten sie Hut-Netscher – Haus Gottes. Jeder Gott hatte seinen eigenen Tempel. Die größten waren dem wichtigsten Gott Amun-Re geweiht. Nur der Pharao, seine Priester und hohe Beamte durften einen Tempel betreten. Ins Allerheiligste hatten jedoch nur der Pharao und seine höchsten Priester Zutritt.

## Im Inneren des Tempels

Alle Tempel sind nach einem ähnlichen Plan angelegt: Sie sind von wellenförmigen Mauern umgeben, die an das Wasser des Urozeans Nun erinnern sollen. Hinter dem Eingangstor befindet sich eine große Halle mit hohen Säulen. Diese Säulen stellen Papyrusdickicht oder Lotusblumen dar. Der Boden ist silberverkleidet. Er glitzert wie das Wasser des Urozeans. Auf diese Eingangshalle folgen mehrere Räume. Von Raum zu Raum steigt der Fußboden an. Am Ende, im Innersten des Tempels, befindet sich das Allerheiligste: eine goldene Statue des Gottes, der in diesem Tempel verehrt wird. Sie steht am höchsten Punkt der Tempelanlage und damit über allen anderen Räumen.

## Ein Gott wird gewaschen

Jeden Morgen ging der Pharao mit den Hohepriestern ins Allerheiligste eines Tempels und rief dreimal den Namen des Gottes. Er nahm die goldene Statue des Gottes aus einem Schrein, zog ihr die Kleider des Vortages aus und wusch sie mit Wasser. Dann salbte er die Statue mit wohlriechenden Ölen und zog ihr ein frisch gewaschenes Gewand über. Vorsichtig stellte er nun den Gott in seinen Schrein zurück. Nun legten die Priester Geschenke vor die Statue: goldenen Schmuck, Weihrauch oder kostbare Tücher, um dem Gott eine Freude zu bereiten. Mit feinen Speisen und Getränken sorgte man für das leibliche Wohl des Gottes. Während der ganzen Zeremonie wurde gesungen und gebetet.

### Hof

*Riesige Säulen tragen das Dach des Tempels. Der glänzende Boden symbolisiert den Urozean Nun.*

### Pylon

*Zwei hohe Türme neben dem Eingangstor erinnern an die »Horizontberge« im Osten und Westen des bewohnten Niltals, zwischen denen die Sonne auf- und wieder untergeht.*

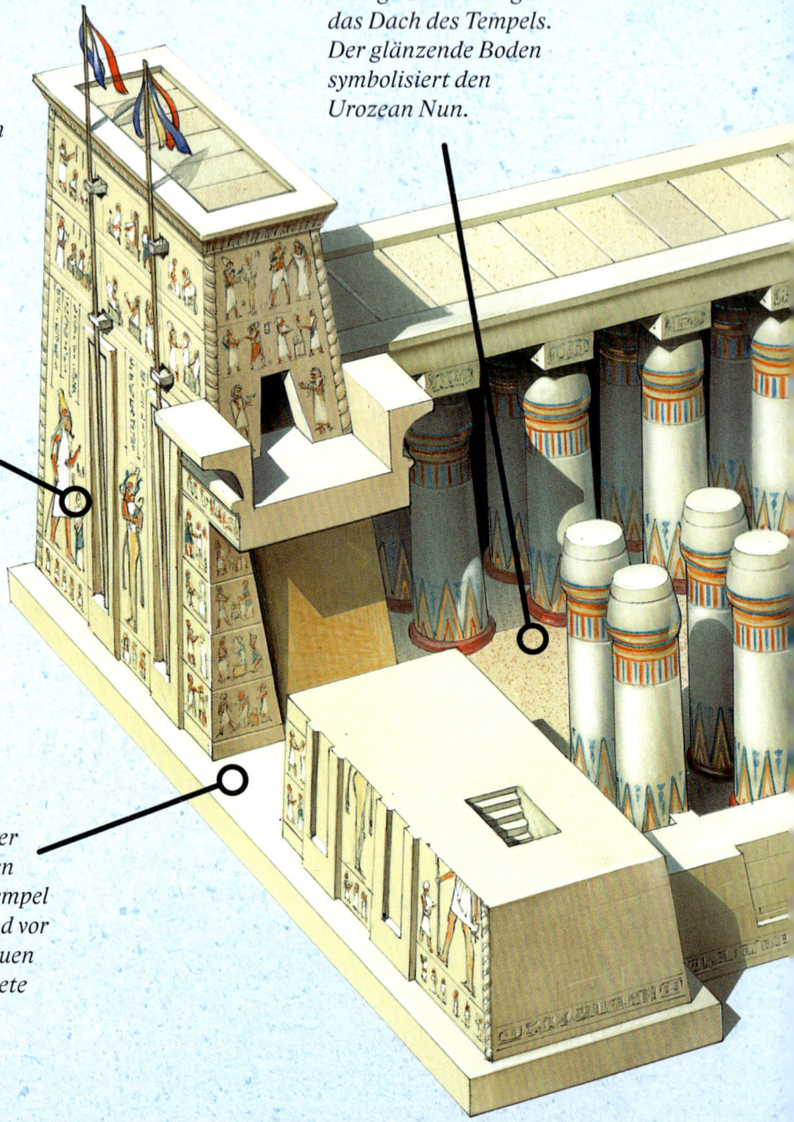

### Portal

*Nur der Pharao, Priester und hohe Beamte dürfen durch das Tor in den Tempel gehen. Für das Volk sind vor dem Tempel Götterstatuen aufgestellt, die die Gebete weiterleiten sollen.*

Da der Pharao nicht in allen Tempeln gleichzeitig sein konnte, gab es in jedem Tempel einen obersten Priester, der die Aufgaben des Pharao übernahm.

## Ein Tempel für den Pharao

Der große Pharao Ramses II (1303–1213 v. Chr.) wurde schon zu Lebzeiten als Gott verehrt. Und er selber tat einiges dafür, um den Glauben seiner Untertanen zu nähren. In Abu Simbel ließ Ramses II eine gigantische Tempelanlage errichten. Drei Haupttempel waren vorgesehen: ein Tempel für ihn selber, einer für seine Frau Nefertari und ein dritter für die Göttin Hathor. Das Gebäude war ein Meisterwerk der Bautechniker und der Astronomen. Bis zu 60 Meter tief wurden die Tempelhallen in den Fels hineingetrieben. Für die perfekte Show sorgten die Astronomen. Sie hatten ausgerechnet, dass die Sonne genau zweimal im Jahr so steht, dass sie durch einen schmalen Eingang genau auf die Götterfiguren im Allerheiligsten fällt. Sonnengott Re, Ramses II und Schöpfergott Amun schauen dann minutenlang gemeinsam in die Sonne. Abu Simbel wurde zu einem einzigartigen Zeichen für die Macht des Pharao: Als Statue saß er nun neben den anderen Göttern – lange vor seinem Tod!

*Bei Abu Simbel baute Ramses II eine gigantische Tempelanlage in den Fels.*

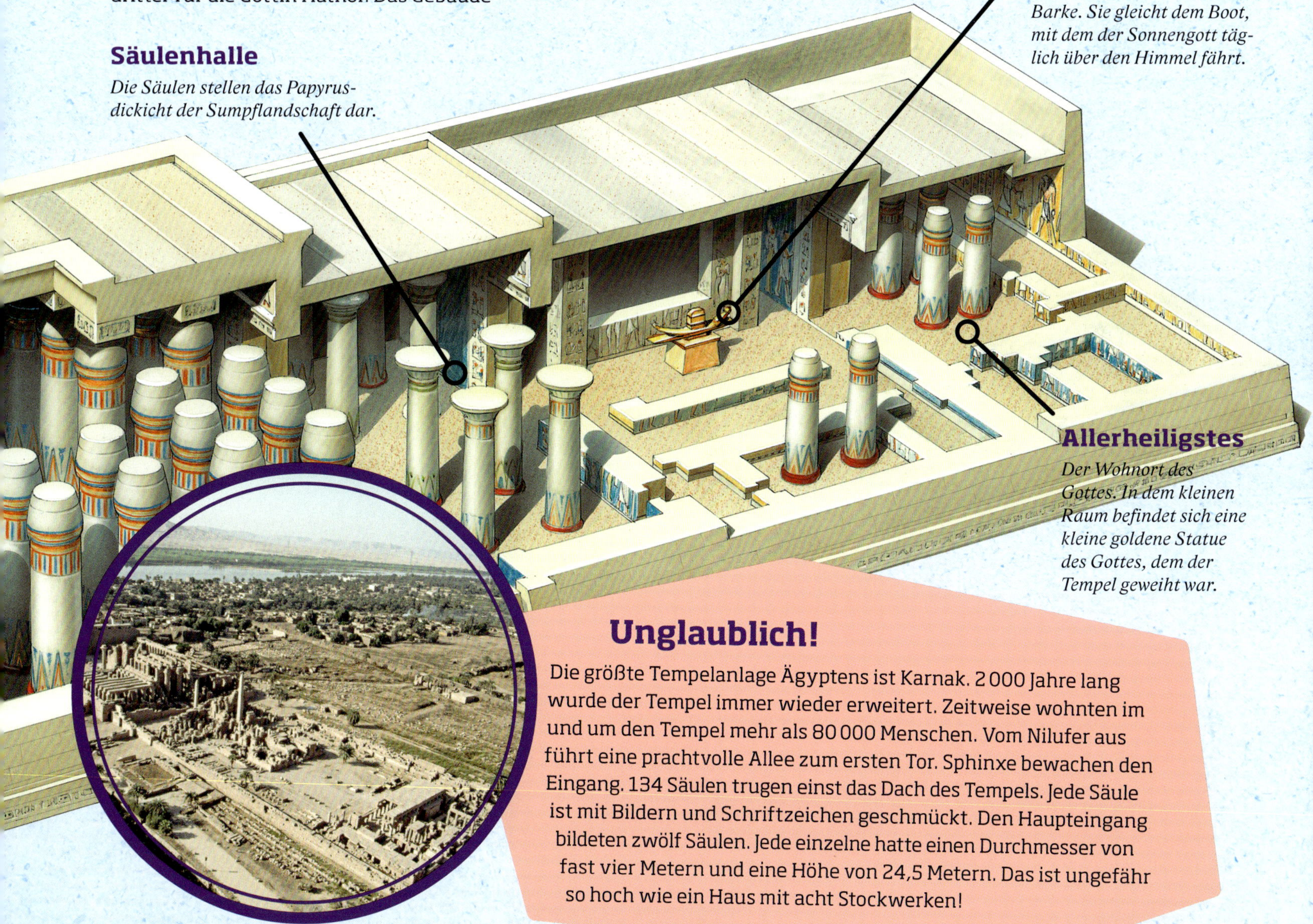

**Säulenhalle**

*Die Säulen stellen das Papyrusdickicht der Sumpflandschaft dar.*

**Barkenraum**

*Hier steht das Modell einer Barke. Sie gleicht dem Boot, mit dem der Sonnengott täglich über den Himmel fährt.*

**Allerheiligstes**

*Der Wohnort des Gottes. In dem kleinen Raum befindet sich eine kleine goldene Statue des Gottes, dem der Tempel geweiht war.*

## Unglaublich!

Die größte Tempelanlage Ägyptens ist Karnak. 2 000 Jahre lang wurde der Tempel immer wieder erweitert. Zeitweise wohnten im und um den Tempel mehr als 80 000 Menschen. Vom Nilufer aus führt eine prachtvolle Allee zum ersten Tor. Sphinxe bewachen den Eingang. 134 Säulen trugen einst das Dach des Tempels. Jede Säule ist mit Bildern und Schriftzeichen geschmückt. Den Haupteingang bildeten zwölf Säulen. Jede einzelne hatte einen Durchmesser von fast vier Metern und eine Höhe von 24,5 Metern. Das ist ungefähr so hoch wie ein Haus mit acht Stockwerken!

# Götter fürs Volk

Nur der Pharao und die Priester durften in einen Tempel gehen. Allen anderen war der Zutritt verwehrt. Allerdings wollten auch Bauern und Arbeiter, Fischer, Handwerker und Händler nicht auf den Schutz der Götter verzichten. Deshalb wurden für das Volk im Vorhof eines Tempels Statuen aufgestellt, die Abbilder des Pharao oder seines Wesirs zeigten. Man konnte mit seinem Anliegen vor die Statue treten und diese bitten, bei den Göttern für einen zu beten. Die steinernen Figuren waren also Vermittler zwischen den einfachen Menschen und den Göttern.

*Das Horusauge versprach Schutz und Heilung. Horus, der Gott mit Falkenkopf, verlor einst ein Auge – erhielt es aber später zurück.*

*Der Apisstier war Symbol der Fruchtbarkeit. Regelmäßig wählte man einen Stier aus, der für den Rest seines Lebens in einem Tempel als Apisstier verehrt wurde. Er hatte eigene Diener und einen Kuh-Harem.*

*Der lustige Hausgott Bes beschützte die Kinder.*

## Götterfeste und Hausgötter

Zu den großen Götterfesten wurde die Statue des Gottes aus dem Allerheiligsten herausgeholt und in eine kleine Barke gesetzt. Feierlich wurde er dann zu einer großen Barke auf dem Nil gebracht. Unter dem Jubel der Menschen am Ufer fuhr das Schiff mit dem Gott zu einem nahe gelegenen Tempel, in dem die Frau des Gottes verehrt wurde. Diese Zeremonie wurde als Heilige Hochzeit bezeichnet. Es gab Musik, Tanz und gutes Essen. Die Statue bekamen die Menschen allerdings nie zu sehen. Sie war in einem Schrein verborgen. Das Volk hatte aber auch seine eigenen Götter. Das waren Gottheiten, die den Menschen im Alltag beiseitestanden. Zum Beispiel die Katzengöttin Bastet, die schwangere Frauen beschützte. Oder Bes, ein kleiner Hausgott. Er vertrieb die bösen Geister und wachte über die Kinder.

*Die Katzengöttin Bastet beschützte schwangere Frauen.*

*Das Anch-Kreuz ist Symbol für das Leben.*

*Herrscher im Nil: Krokodilgott Sobek*

# Interview mit einem Skarabäus

**Name:** Skarabäus Chepri
**Gattung:** Mistkäfer
**Hobbys:** Kugeln rollen

Ein besonders wichtiger Glücksbringer, der in keinem Haushalt fehlen durfte, war der Skarabäusgott Chepri. Ein Skarabäus in Form eines Herzens sollte seinem Besitzer Glück bringen. Den Toten legte man einen Skarabäus schützend auf das Herz.

*Herzskarabäus: Glücksbringer für die alten Ägypter*

**Einen wundervollen Tag! Es heißt, Sie seien ein heiliges Tier?**

Ich fasse es nicht! Sie sind wohl völlig ungebildet. Rennen hier herum und glotzen die Pyramiden an. Und fragen mich, ob ich heilig bin.

**Nun ... ich wollte Sie nicht verärgern ...**

Also – damit Sie es wissen: Ich, Chepri, bin ein direkter Nachfahre der Dynastie der göttlichen Skarabäen.

**Das heißt – Ihre Vorfahren kannten die Pharaonen?**

Ich könnte Ihnen Geschichten erzählen. Meine Ahnen waren so berühmt, dass man sie in Gold und Edelstein gemeißelt hat. Jeder, ich betone: Jeder, der etwas auf sich hielt, hatte einen Skarabäus bei sich im Haus.

**Ist ja schon ungewöhnlich – bei uns nennt man Sie einfach Mistkäfer ...**

Sie sind eben ahnungslos. Die Menschen damals hatten Augen im Kopf.

**Aber – das ist doch eine Mistkugel, die Sie vor sich herschieben. Oder etwa nicht?**

Mistkugel! Unwürdiger! Es ist die Erdkugel selber, die ich hin- und her rolle. Ich zeige den Menschen, wie die Welt entstanden ist. Aus einer Kugel, einem unbedeutend scheinenden Erdhaufen.

**Das ist jetzt nicht Ihr Ernst ...!?**

So wie der Gott der Ägypter einst die Welt aus einem Erdhaufen schuf, so schafft unsereins seit Jahrmillionen eine neue Welt: Meine Kinder wachsen in der Kugel heran, die ich vor mir herschiebe. Deren Kinder werden wieder in neuen Kugeln heranwachsen und so weiter. Bis zum Ende aller Tage. Und darüber hinaus!

**Ach so, jetzt verstehe ich. Ihre Kugel ist eine Art Bild für die Welt?**

Unsinn! Diese Kugel ist die Welt! Es hat doch gar keinen Sinn, mit Ihnen zu sprechen. Sie verstehen es ja doch nicht. Ich sag' Ihnen mal was: Wenn Sie längst zu Staub zerfallen sind, wird's uns immer noch geben. Wir Skarabäen sind unsterblich. Götter eben!

**Schon gewusst?**

*Der Skarabäus gehört zur Gattung der Mistkäfer. Man nennt ihn auch Pillendreher. In der Kugel aus Dung, die der Käfer vor sich herschiebt, legt er seine Eier ab. Hier entwickeln sich die Larven, die am Ende als Käfer aus der Dungkugel krabbeln. Die Ägypter dachten, dass die Käfer aus dem Nichts entstehen. So ähnlich stellten sie sich den Anfang der Welt vor.*

# Eine faszinierende Wissenschaft

*Der Kaiser Napoleon bewundert die gigantische Sphinx bei Giseh.*

Ägyptologen nennen sich Wissenschaftler, die sich mit der Geschichte des alten Ägypten befassen. Sie wollen verstehen, wie die Menschen zur Zeit der Pharaonen gelebt haben. Dazu untersuchen sie alles, was aus jener Zeit übrig geblieben ist: Gebäude, Gefäße, Schmuck oder aber auch Brotreste. Sie entziffern alte Schriftstücke, analysieren Wandgemälde oder durchleuchten Mumien. Aus den Abertausenden an Informationen versuchen sie, ein Bild über diese vergangene Zeit zusammenzusetzen: wie ein riesiges Puzzle. Da die ägyptische Kultur so vielfältig ist, müssen sich die einzelnen Wissenschaftler spezialisieren. Manche kennen sich besonders gut aus mit Schriftzeichen, andere sind Spezialisten für altägyptische Kunstwerke oder für Mumien.

## Ein Stein, der reden kann

Steine können nicht reden? Von wegen! Steine können Geschichten erzählen. Und manchmal machen Steine auch Geschichte. So wie der Stein von Rosette. Ein schwarzes Trumm aus Basalt, das jahrtausendelang in der Nähe des Ortes Rosette an der Küste Ägyptens herumlag. Ein Offizier des Kaisers Napoleon

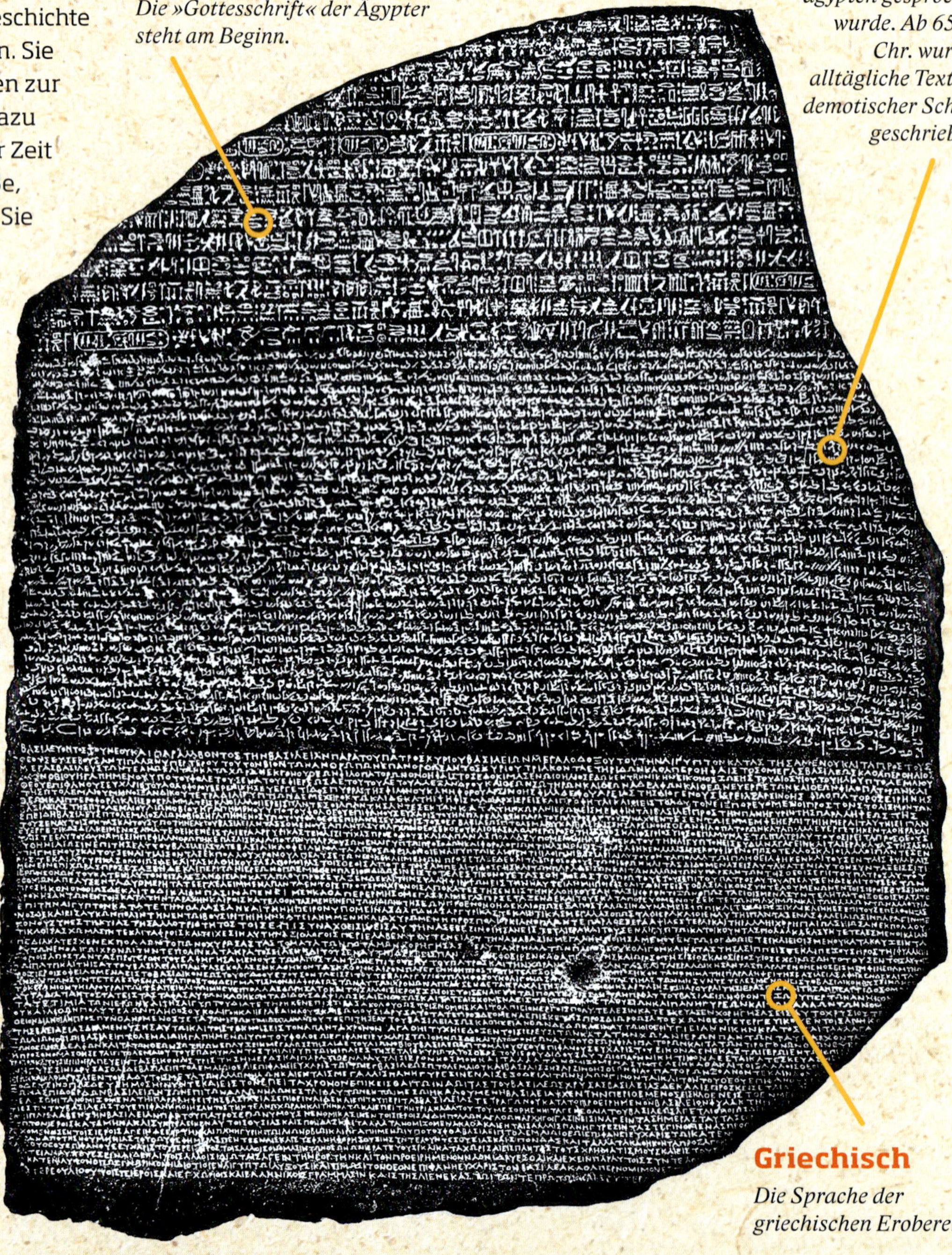

**Hieroglyphenschrift**
*Die »Gottesschrift« der Ägypter steht am Beginn.*

**Demotisch**
*Ein Dialekt, der vor allem in Unterägypten gesprochen wurde. Ab 650 v. Chr. wurden alltägliche Texte in demotischer Schrift geschrieben.*

**Griechisch**
*Die Sprache der griechischen Eroberer.*

soll mit seinem Pferd zufällig darüber gestolpert sein. Das war am 15. Juli 1799. Der Kaiser war begeistert. Er ließ den Stein umgehend ausgraben. Napoleon war nämlich ein großer Fan des alten Ägypten. Zu seinem Ägyptenfeldzug hatte er nicht nur Soldaten und Munition mitgenommen: Auch Archäologen waren mit von der Partie. Die Wissenschaftler erkannten den Wert des Steines sofort. Er war mit drei Textblöcken eng beschrieben: Der erste Block war in Hieroglyphen abgefasst. Es folgten eine demotische Inschrift und eine griechische. Das Griechische konnten die Gelehrten sofort lesen. An den Hieroglyphen aber bissen sich die klügsten Wissenschaftler die Zähne aus. 23 Jahre lang versuchten sie, die Zeichen zu lesen. Vergebens.

## Die Lösung des Rätsels

Ein junger Mann aus Frankreich fand schließlich die Lösung. Jean-François Champollion hatte sich schon als Kind besonders für Sprachen interessiert. Lesen und Schreiben brachte er sich selbst bei. Sein Traum war es schon damals, irgendwann einmal die Hieroglyphen zu entziffern. 1822 gelang ihm die Entschlüsselung. Dabei hatte der geniale Sprachwissenschaftler den Stein von Rosette gar nicht im Original gesehen. Er hatte nur Kopien der Inschrift. Champollion erkannte: Die Hieroglyphen sind keine reine Bilderschrift. Jedes Zeichen kann auch wie ein Buchstabe in einem Alphabet gelesen werden. Diese Erkenntnis war der Schlüssel zum Verständnis der Zeichen. Nach seiner Entdeckung konnte Champollion endlich ins Land seiner Träume reisen. Vor Ort studierte er die Inschriften. Übrigens: Auf dem Stein hatten Priester aus Memphis im Jahr 196 v. Chr. eine Verordnung anlässlich der anstehenden Krönung des Königs Ptolemäus V einmeißeln lassen. Den Stein von Rosette kannst du heute noch im British Museum in London bewundern.

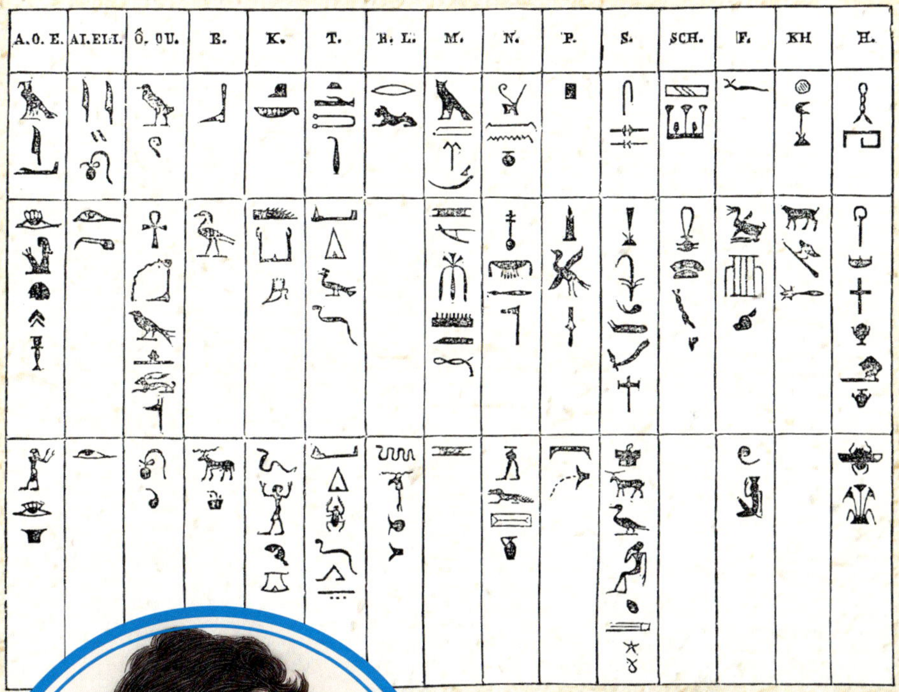

*Jean-François Champollion fand heraus, wie die Hieroglyphen gelesen werden konnten.*

## Angeberwissen

- Das Wort »Hieroglyphen« stammt vom griechischen »hieros« (heilig) und »glyphein« (einritzen).
- Im alten Ägypten nannte man die Schrift Sesch-ni-medu-netjer: Schrift der Gottesworte. Die Menschen glaubten, Gott Thot höchstpersönlich hätte ihnen diese Schrift geschenkt.

*Die Bildergeschichte zeigt König Sesostris I (links), der vom Falkengott Munth zu Gott Amun geführt wird. Darüber befinden sich viele kleine Bilder und Zeichen: Hieroglyphen.*

Der Kopf einer Statue wird für den Transport vorbereitet.

# Ein Tempel zieht um

Am 8. März 1960 ging ein Hilferuf um die Welt. Die weltberühmten Tempelanlagen von Abu Simbel drohten im Wasser zu versinken. Denn der Wasserspiegel des Nassersees war seit Beginn der Bauarbeiten am Assuan-Staudamm bedrohlich angestiegen. Um die grandiose Anlage zu retten, entwickelten schwedische Ingenieure einen kühnen Plan. Mit einer Seilsäge wollten sie den gesamten Tempel aus dem Fels herausschneiden. 1963 begann ein internationales Bauteam aus Ägypten, Deutschland, Frankreich, Italien und Schweden mit den Arbeiten. 1 036 Blöcke wurden aus dem Fels herausgeschnitten. Diese Stücke wogen zwischen sieben und 30 Tonnen. 180 Meter weiter nordwestlich und 64 Meter höher als vorher lag der Platz, an dem der Tempel neu aufgebaut werden sollte. Ganz wichtig war den Wissenschaftlern dabei die Ausrichtung: Zweimal im Jahr sollte die Sonne exakt auf die Götterstatuen im Inneren des Tempels fallen, so wie es Ramses II einst hatte planen lassen. Das scheinbar Unmögliche gelang: Nach fünf Jahren harter Arbeit stand der alte Tempel an neuer Stelle. Die Wunden der Seilsägen hat man bewusst nicht versteckt: Die Menschen sollen wissen, dass dieses Gebäude einst an anderer Stelle stand.

*Die riesige Sitzstatue von Ramses II wird auseinandergesägt.*

*Auch am neuen Standort soll das Sonnenwunder funktionieren. An zwei Tagen im Jahr bescheint die Sonne die Götterstatuen.*

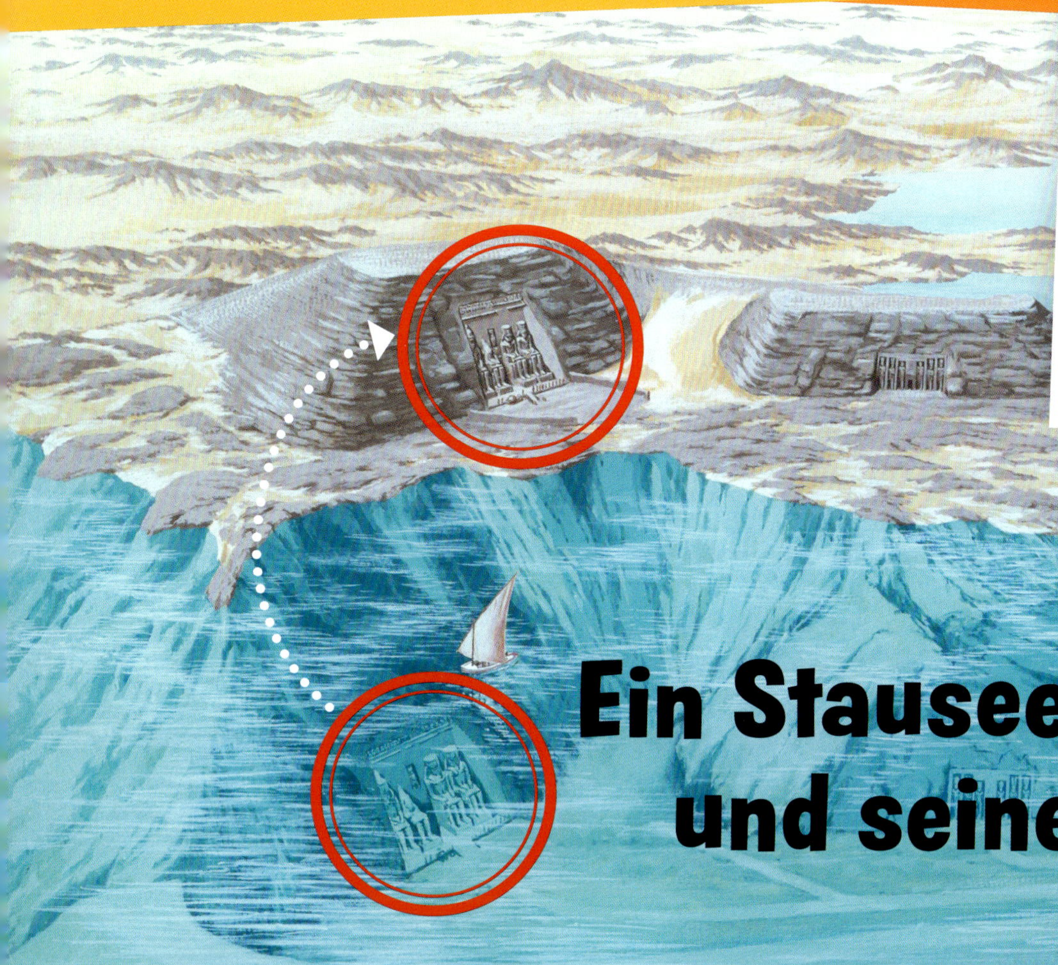

*Der riesige Assuan-Staudamm wurde 1971 eröffnet. Ein Wasserkraftwerk versorgt seither die Umgebung mit Strom, und die Bauern haben auch in Trockenzeiten Wasser, um die Felder zu bewässern.*

# Ein Stausee und seine Folgen

Am 9. Januar 1960 ließ es der damalige Staatspräsident Ägyptens, Gamal Abdel Nasser, gewaltig krachen. Per Knopfdruck zündete er die erste Sprengladung, um den Bau des Staudamms Sadd el-Ali einzuleiten. Die Mauer, 111 Meter hoch und 3800 Meter lang, staut den Nil zum riesigen Nassersee auf: 180 Meter tief und zehnmal so groß wie der Bodensee. Mit dem Staudamm wollte man das Wasser des Nils das ganze Jahr über besser nutzen. Statt einer Flut im Jahr sollte es künftig genügend Wasser während des ganzen Jahres geben. Außerdem wollte man am Stausee ein Wasserkraftwerk bauen. 1960 begannen die Arbeiten an dem Staudamm. Elf Jahre dauerte der Bau. 1971 wurde der drittgrößte Stausee der Welt eröffnet. Die Menschen waren begeistert.

## Wie geht es dem Nil heute?

Die Natur und die Landwirtschaft aber leiden sehr unter den Folgen des Staudamms. Den Bauern fehlt der fruchtbare Schlamm, der früher die Felder düngte. Weil das Wasser schneller fließt, reißt es mehr Boden mit sich. Die wertvolle Erde wird ins Meer gespült. In den vergangenen Jahren gab es immer weniger Fische im Nil. Und: Durch das aufgestaute Wasser wurden jahrtausendealte Kulturschätze für immer zerstört. Es wäre viel zu teuer gewesen, alles zu erhalten. Nur die wichtigsten Schätze konnten gerettet werden.

## Was wir von den alten Ägyptern lernen können

Die Kultur des alten Ägypten konnte Jahrtausende überdauern. Die Menschen damals sahen sich als Teil der Natur. Sie nutzten die Geschenke des Nils – aber sie achteten darauf, ihrer Umwelt keinen Schaden zuzufügen. Auf diese Weise haben sie die Grundlagen ihres Lebens über eine enorm lange Zeit erhalten und in 3000 Jahren eine der großartigsten Kulturen der Menschheit geschaffen. Die Pyramiden von Giseh oder die Tempelanlagen von Luxor – all das erinnert an diese Zeit, als der große Fluss noch ein Freund und Begleiter der Menschen war.

*1902 wurde ein erster Damm bei Assuan in Betrieb genommen. Schon damals stieg der Wasserspiegel an und überschwemmte alte Tempel.*

*Die Sphinx aus dem Ramses-Tempel konnte vor den Wassermassen gerettet werden.*

# Ägypten im Museum

Auf der ganzen Welt gibt es Museen, in denen ägyptische Kunstwerke ausgestellt werden. Vor allem in London und in Berlin werden unglaublich wertvolle Dinge gezeigt. Bei der Beschaffung waren aber gerade die Europäer nicht zimperlich. Anfangs kamen Schatzsucher und Abenteurer ins Land am Nil. Sie gruben nach Kunstschätzen, die sie in Europa teuer verkaufen konnten. Sogar Wissenschaftler dachten sich nichts dabei, Fundgegenstände mit allerlei Tricks außer Landes zu schaffen. Heute gibt es strenge Regeln, welchen Anteil Forscher behalten dürfen und was in Ägypten bleiben muss. Auf dieser Seite findest du eine kleine Auswahl von Museen.

## Großbritannien

**British Museum, London**
In London ist der weltberühmte Stein von Rosette ausgestellt. Außerdem gibt es viele Mumien zu bestaunen.

## Frankreich

**Louvre, Paris**
Jean-François Champollion hat die Hieroglyphen entschlüsselt und eine Ausstellung eingerichtet. Zu den Meisterwerken gehört der sitzende Schreiber.

**Cheops-Bootsmuseum in Giseh – Kairo**
43 Meter lang ist das Boot des Cheops. Es wurde jahrelang aufwendig restauriert. Heute befindet sich die Barke direkt über dem Fundort in einem eigens dafür errichteten Museum.

## Ägypten

## Niederlande

### Reichsmuseum der Altertümer, Leiden

Hier ist neben vielen anderen Schätzen diese Isis ausgestellt, die auf einem Thron sitzt.

## Deutschland

### Ägyptisches Museum, München

Das weltweit einzige Museum, in dem ausschließlich altägyptische Kunstwerke gezeigt werden. Berühmtestes Objekt: der Kelch des Thutmosis III. Das älteste Glasgefäß der Welt.

### Ägyptisches Museum, Berlin

Eines der weltweit berühmtesten Objekte ist die Büste der Nofretete. Das Museum ist aber auch bekannt für seine große Papyrussammlung.

### Roemer- und Pelizaeus-Museum, Hildesheim

Ein Highlight der Sammlung ist die Statue des Hemiunu. Außerdem werden viele Dinge des Alltags und des Totenkults gezeigt.

### Museum August Kestner, Hannover

Mithilfe modernster Methoden wurde die Mumie einer jungen Frau untersucht. Die Ergebnisse können Besucher über Computer abrufen. Außerdem sind viele schöne Reliefs zu sehen. Für Kinder gibt es eigene Führungen und Workshops.

## Österreich

### Kunsthistorisches Museum, Wien

Eine der größten Sammlungen weltweit mit mehr als 17000 Objekten. Ein Höhepunkt ist die Kultkammer des Kaninisut.

### Ägyptisches Museum, Kairo

Das weltweit größte Museum für altägyptische Kunst und Kultur; 120000 Objekte. Hier befindet sich die berühmte Totenmaske des Tutanchamun.

## Italien

### Ägyptisches Museum, Turin

Außer Statuen gibt es eine bekannte Papyrussammlung. Darunter auch der berühmte Königspapyrus, in dem sämtliche Könige Ägyptens bis zu Ramses II verzeichnet sind.

# Glossar

**Ägyptologe:** Wissenschaftler, der Geschichte, Kultur und Sprache des alten Ägypten erforscht.

**Amulett:** Zeichen oder Figur als Schutz gegen böse Geister.

**Anubis:** Altägyptischer Totengott.

**Apisstier:** Träger der Lebenskraft.

**Barke:** Boot ohne Mast und Segel.

**Chepresch:** Blaue Krone, Kopfschmuck des Königs.

**Doppelkrone:** Weiße Krone Oberägyptens und rote Krone Unterägyptens in einer Krone zusammengefasst. Wer die Doppelkrone trägt, herrscht über beide Teile.

**Dynastie:** Entsteht, wenn eine Herrscherfamilie über mehrere Generationen hinweg an der Macht bleibt.

**Gau:** Mehrere Güter sind zu Gauen zusammengelegt. An der Spitze des Gaus steht ein Gaufürst.

**Geißel:** Wird auch als Flagellum bezeichnet. Herrschaftszeichen des Pharao.

**Heliopolis:** Stadt der Sonne.

**Hieroglyphen:** Heilige, in Stein geschnittene Schriftzeichen im alten Ägypten.

**Horus:** Altägyptischer Gott, Sohn von Isis und Osiris.

**Ibis:** Heiliges Tier des Gottes Thot.

**Isis:** Altägyptische Göttin. Gattin des Osiris und Mutter des Horus.

**Kanopen:** Krüge, in denen die Eingeweide der Verstorbenen aufbewahrt wurden.

**Karnak:** Ein Dorf in Oberägypten nahe Luxor. Berühmt wegen seiner Tempelanlagen.

**Kubit:** Altägyptische Maßeinheit. Ein Kubit ist die Entfernung zwischen dem Ellbogen und der Spitze des Mittelfingers: etwa 52,5 Zentimeter.

**Kult:** Handlungen zur Verehrung und Anbetung von Göttern.

**Krummstab:** Zepter, das Götter, Könige und hohe Beamte tragen. Es deutet auf die Herrschaft hin.

**Mastaba:** Bank. Bezeichnung für Gräber des Alten Reiches.

**Memphis:** 3 000 Jahre lang die wichtigste Stadt im alten Ägypten. Sie liegt 25 km südlich von Kairo.

**Mumie:** Von »Mumiya«, »Erdpech«. Anfangs wurde die Leibeshöhle der Mumien mit Erdpech ausgekleidet. Später verfeinerte man die Technik und goss den Körper mit Harz aus. Auch die Binden wurden mit Harz getränkt.

**Mundöffnung:** Sehr wichtiges Ritual beim Begräbnis. Dem Verstorbenen wird der Mund geöffnet, damit er auch im Jenseits reden, essen und trinken kann.

**Napoleon:** Französischer Kaiser, der am 17. Mai 1798 mit fast 40 000 Soldaten zu einem Feldzug nach Ägypten aufbrach. Er eroberte Kairo und gründete das Ägyptische Institut, einen Ausgangspunkt der Ägyptologie.

**Nasser-Stausee:** Entstand mit dem Bau des Assuan-Staudamms. Er ist 550 Kilometer lang.

**Nekropole:** Totenstadt.

**Nilometer:** Brunnenschacht mit Messskalen, an denen der Wasserstand des Nils abgelesen wurde.

**Obelisk:** Hohe Säule mit spitzem Abschluss. Symbolisiert die Strahlen der Sonne.

**Osiris:** Altägyptischer Gott, König des Totenreichs.

**Papyrus:** Wasserpflanze am Ufer des Nils, die vielfältig genutzt wurde.

**Prunkpalette:** Flache Scheibe aus Stein mit Bildern von der Jagd oder von Kämpfen.

**Punt:** Das Gebiet des heutigen Sudan bis in den Nordwesten Äthiopiens.

**Pylon:** Tor zwischen zwei großen Säulen. Eingang in den Tempel.

**Pyramide:** Grabanlage für den Pharao. Ungefähr 80 Pyramiden sind in Ägypten bekannt; weitere werden unter dem Wüstensand vermutet.

**Pyramidion:** Spitzer Abschluss der Pyramide, verziert mit Bildern und Texten.

**Sakkara:** Riesige Totenstadt bei Memphis.

**Scheintür:** Nische im Grab. Hier konnten Opfergaben abgelegt werden. Die Rückseite war wie eine geschlossene Tür gestaltet.

**Seth:** Gott der Wüste, der Dürre und des Unwetters. In der Legende ermordet er seinen Bruder Osiris.

**Skarabäus:** Auch bekannt als Pillendreher oder Mistkäfer. Glücksbringer und Schutzgott im alten Ägypten.

**Sphinx:** Löwe mit Menschenkopf, Symbol der Macht des Königs, Tempelwächter.

**Theben:** Ab 2100 v. Chr. Sitz des Pharao. Tutanchamun verlegte 1330 v. Chr. den Regierungssitz wieder zurück nach Memphis.

**Wesir:** Er war im alten Ägypten der oberste Beamte im Staat.

WAS IST WAS Band 70

**Bildquellennachweis: akg-images:** 3mr (Werner Forman), 6ur (De Agostini Pict.Lib.), 8o (Hervé Champollion), 9ol (Werner Forman), 9ur (Erich Lessing), 10mr (Werner Forman), 11mr (Erich Lessing), 11ul (De Agostini Pict.Lib.), 12or (IAM), 20or (François Guénet), 20ur (Dr. E. Strouhal), 20ur (Werner Forman), 21um (Philippe Maillard/akg-images), 24u (De Agostini Pict.Lib.), 32mr (Werner Forman), 32o (Erich Lessing), 33m (James Morris), 33u (Nimatallah), 37m (Gerard Degeorge), 40mr (Werner Forman), 46m (Erich Lessing), 47ol; **Archiv Tessloff:** 46-47Hg.; **Corbis:** 2ul (Frank Trapper), 2or (Bettmann), 3or (Roger Ressmeyer), 3m (Mimmo Jodice), 4ur (Frank Trapper), 4-5Hg. (Radius Images), 7ul (Stefano Bianchetti), 8u (Gianni Dagli Orti), 9or (Burstein Collection), 10ul (Bettmann), 12ul (Radius Images), 15o (Alfredo Dagli Orti/The Art Archive), 16ul (Werner Forman), 16um (Jean-Pierre Lescourret), 17um (Roger Wood), 17ur (Michael Jenner), 18o (Sandro Vannini), 18m (Sandro Vannini), 18ul (Gianni Dagli Orti), 18ul (Gianni Dagli Orti), 18um (Sandro Vannini), 18ur (Sandro Vannini), 18ur (Mike McQueen), 19Hg. (Frank Trapper), 20m (Sandro Vannini), 20mr (Robert Harding World Imagery), 20ul (Sandro Vannini), 21o (National Geographic Society), 22l (Roger Wood), 22ur (Roger Wood), 22um (Gianni Dagli Orti), 23om (Gilles Barbier/imagebroker), 23mr (J. Ritterbach/F1 Online), 23ul (Werner Forman), 24mr (Gianni Dagli Orti), 24or (George Steinmetz), 24ur (National Geographic Society), 24u (Alfredo Dagli Orti/The Art Archive), 24um (Bernard Annebicque/Sygma), 25ml (Roger Wood), 25ur (Ocean), 27or (Stapleton Collection/Louis Linant de Bellefonds), 27ul (Hulton-Deutsch Collection), 28-29Hg. (Roger Ressmeyer), 29ur (Paul Hardy), 30mr (National Geographic Society), 31m (National Geographic Society), 32ur (Sandro Vannini), 33or (Sandro Vannini), 34or (Sandro Vannini), 36o (Robert Harding World Imagery), 36u (Jose Fuste Raga), 37ul (The Gallery Collection), 39or (George Steinmetz), 39ul (Yann Arthus-Bertrand), 40ul (Mimmo Jodice), 40or (Robert Harding World Imagery), 40m (Roger Wood), 40mr (1996-98 AccuSoft Inc./Robert Harding World Imagery), 40ur (Araldo de Luca), 41m (Heritage Images), 44ml (Bettmann), 45or (Lloyd Cluff), 45mr (Michael Maslan Historic Photographs), 45ur (Roger Wood), 46ul (Peter Langer/Design Pics), 46or (Steve Vidler), 47ul (Cai Yang/Xinhua Press), 47ml (Sylvain Sonnet), 48or (Mike McQueen); **FOCUS Photo- und Presseagentur:** 13ul (M. Donne), 25mr (SHEILA TERRY), 36mr (CHRISTIAN JEGOU PUBLIPHOTO DIFFUSION); **Garrett, Kenneth:** 1, 14ul, 15Hg., 18mr, 23ml, 24m, 25um, 25m, 28or, 28mr, 35um; **Getty:** 2ur (AFP), 3ul (Keystone-France), 4um (New York Daily News), 4ul (Hulton Archive), 5ol (Apic), 5or (DEA PICTURE LIBRARY), 7um (DEA/G. DAGLI ORTI), 7mr (Yves GELLIE), 10or (JD Dallet), 11om (DEA/G. DAGLI ORTI), 12ur (Dorling Kindersley), 13m (Danita Delimont), 13ur (Science & Society Picture Library), 14ur (JARNOUX Patrick), 16ur (AFP), 17ul (DEA/A. JEMOLO), 21mr (Werner Forman), 23ur (DEA/A. DAGLI ORTI), 24ul (DEA/G. DAGLI ORTI), 25ol (Julian Love), 25ul (Werner Forman), 26-27Hg. (Barry Iverson), 28ul (Daryl Benson), 35ul (DEA PICTURE LIBRARY), 37or (Kenneth Garrett), 42or (Apic), 43or (ilbusca), 43m (Prisma), 44o (Keystone-France), 44om (Keystone-France), 44mr (AFP), 45Hg. (Robert W. Nicholson), 46um (Prisma), 47mr (AFP), 47um (DEA/C. SAPPA); **Hennig, Jörn:** 7o; **iStock:** 12mr (Dreef); **Jeschke, Caroline:** 31u; **Klaucke, Peter:** 30-31Hg.; **NASA/ESA:** 34Hg. (M. Robberto (STScI/ESA) et al.); **picture alliance:** 14o (Zueger, E./Arco Images), 22o (André Held/akg-images), 23um (Db Roemer- Und Pelizaeus-Museum), 26u (DEA/G. DAGLI ORTI), 26mr (Jemolo/Leemage), 26or (Prismaarchivo), 34mr (John Stillwell), 34u (John Stillwell), 35om (akg-images), 38or (Winter/dpa-Bildarchiv), 43um (Andrea Jemolo/akg), 47or (Alessandra Schellnegger), 47ur (Jochen Lübke), 47m (akg-images); **Shutterstock:** 8-9Hg. (Roberaten), 11or (rodho), 11or (Iryna Denysova), 11um (Tawfik Dajani), 11Hg., 16-17Hg., 22-23Hg., 24-25Hg., 38-39Hg., 42-43Hg. (Roberaten); **Sol90images:** 6l, 8-9, 29o, 35r, 38-39, 44ur; **The Trustees of the British Museum:** 8m, 9um, 9u, 35m, 37ur; **Thinkstock:** 13o (Don Bayley), 25om (Guenter Guni), 41or (Jenny Waterson); **Wikipedia:** 42m (PD)

**Vorsatz:** Shutterstock: ol (VikaSuh)

**Umschlagfotos:** Garrett, Kenneth: U1, U4

**Gestaltung:** independent Medien-Design



ISBN 978-3-7886-2039-4

Willkommen in der Welt von WAS IST WAS!
UNSERE ERDE
Der blaue Planet
ENERGIE
GROSSE ENTDECKER
Ihre Reisen und Abenteuer
STERNE
Wunder des Weltalls
WETTER
Sonne, Wind und Wolkenbruch
MIKROSKOP
Was dem Auge verborgen bleibt
FLUGZEUGE
Der Traum vom Fliegen
HUNDE
WILDE TIERE
DINOSAURIER
Im Reich der Riesenechsen
PLANETEN UND RAUMFAHRT
Expedition ins All
BIENEN UND WESPEN
Flüssiges Gold und spitzer Stachel
REPTILIEN UND AMPHIBIEN
Gecko, Grasfrosch und Waran
DER MOND
Rätselhaft und mächtig
ELEKTRIZITÄT
Megavolt und Supraleiter
SCHIFFE
PFERDE
INSEKTEN
Überlebenskünstler auf sechs Beinen
WÜSTEN
ERFINDUNGEN
Genie und Geistesblitz
POLARGEBIETE
Leben in eisigen Welten
VÖGEL
Akrobaten der Lüfte
FISCHE
Wunderwelt im Wasser
INDIANER
Die Ureinwohner Nordamerikas
SCHMETTERLINGE
Zauberhaft und farbenprächtig
MINERALIEN UND GESTEINE
Funkelnde Schätze
DER MENSCHLICHE KÖRPER
Wunderwerk der Natur
AUTOS
PS, Hybrid und Turbostars
EISENBAHN
DAS ALTE ROM
VULKANE
Feuer aus der Tiefe
WIKINGER
KATZEN
Flinke Jäger auf Samtpfoten
DIE ALTEN GRIECHEN
Götter, Helden, Dichter
NATUR
Erforschen und schützen
TESSLOFF